Lieblings-plätze

Südliche Weinstrasse und Pfälzerwald

GMEINER

DIETER BÜHRIG

Autor und Verlag haben alle Informationen geprüft. Gleichwohl wissen wir, dass sich Gegebenheiten im Verlauf der Zeit ändern, daher erfolgen alle Angaben ohne Gewähr. Sollten Sie Feedback haben, bitte schreiben Sie uns! Über Ihre Rückmeldung zum Buch freuen sich Autor und Verlag: lieblingsplaetze@gmeiner-verlag.de

QR-Code einscannen und kostenloses E-Book anfordern.

Besuchen Sie uns im Internet:
www.gmeiner-verlag.de

1., überarbeitete Neuauflage 2022

Im Ehnried 5, 88605 Meßkirch
Telefon 07575/2095-0
info@gmeiner-verlag.de

Lektorat/Redaktion: Ricarda Dück
Herstellung: Julia Franze
Bildbearbeitung/Umschlaggestaltung: Susanne Lutz
unter Verwendung der Illustrationen von © DesignStudio RM – stock.adobe.com; © paullouis – stock.adobe.com; © Fiedels – stock.adobe.com; © skarin – stock.adobe.com; © PrintingSociety – stock.adobe.com; © SimpleLine – stock.adobe.com; © Katrin Lahmer; © Benjamin Arnold; © Susanne Lutz
Kartendesign: Christoph Neubert
Druck: AZ Druck und Datentechnik GmbH, Kempten
Printed in Germany
ISBN 978-3-8392-0166-4

UM EDENKOBEN UND IM ANNWEILER TRIFELSLAND

UM LANDAU UND IM DAHNER FELSENLAND

UM BAD BERGZABERN UND IM SÜDLICHEN WASGAU

ABSTECHER NACH FRANKREICH UND IN DIE RHEINEBENE

Reise in die »Toskana Deutschlands«

Einstimmung

Der Bereich der linksrheinischen Ebene von Neustadt an der Weinstraße bis an die französische Grenze in Wissembourg wird wegen seines milden Klimas oft als die »Toskana Deutschlands« tituliert. Seine reichhaltige Weinkultur, seine zum Wandern einladenden Bergwälder, seine geschichtsträchtigen Burgruinen prägen diese einzigartige Kultur- und Naturlandschaft ebenso wie vormals Kelten, Römer, Germanen und neuzeitlich die »Pälzer«. Dieses Buch zeichnet ein persönliches Porträt der Region und versucht damit, die Berechtigung dieses hohen Anspruchs zu beweisen.

Politisch gesehen deckt dieser Band im Wesentlichen den Landkreis Südliche Weinstraße ab, die kreisfreie Stadt Landau inbegriffen. Abstecher führen nach Speyer, Karlsruhe und in das grenznahe Frankreich. Das ist eine Fläche, die in etwa 200.000 Einwohner auf ungefähr 700.000 Quadratmetern umfasst und in der der Tourismus der wichtigste Wirtschaftszweig ist. Weinbau und Forstwirtschaft dominieren darüber hinaus.

Die Pfälzer bilden eine homogene und eigenwillige Volksgruppe, die sich einerseits durch ihre sympathische Mundart auszeichnet. Andererseits kennzeichnen sie ihre außerordentliche Gastfreundlichkeit und ihre durch die jahrhundertelangen Spannungen zwischen Frankreich und Deutschland geprägte Heimatliebe.

Die Region ist voller kultureller Meilensteine, angefangen von den Spuren der keltischen Fliehburgen, des römischen Weinbaus, über die zahllosen Relikte der Karolinger, Salier und Staufer, später der Wittelsbacher, bis hin zu den impressionistischen Künstlern wie Max Slevogt. Harmonisch ergänzt sich hier die Geschichte mit der Ess- und Trinkkultur. Im Bereich der Südlichen Weinstraße finden wir eine ganz spezielle Pfälzer Küche und eine Rebsortenvielfalt, wie sie in Deutschland ihresgleichen sucht.

Das Buch enthält Lieblingsplätze eines Autors, der die Gegend seit über 30 Jahren bereist und sich inzwischen als »Wahlpfälzer« bezeichnen darf. Aufgrund der enormen Bedeutung der Weinkultur stelle ich unter anderem Weingüter vor, die – jedes in seiner Art – eine regionale Besonderheit aufweisen. Sie als Leser lernen so nicht nur die Schönheit der Landschaft, den Wohlgeschmack der Weine und die Freundlichkeit der Pfälzer, sondern auch die geschichtlichen Hintergründe kennen. Darüber hinaus werden Orte präsentiert, in denen Sie aufgrund der reichhaltigen Sagenwelt der Pfalz Ihrer Fantasie freien Lauf lassen können.

Wein, Wald und Burgen sind das Charakteristische dieser einzigartigen Kulturlandschaft. Daher werden sie im Zentrum stehen. Dabei muss ich betonen, dass es sich hier nicht um einen Wanderführer der traditionellen Art handelt. Bücher mit detaillierten Routenbeschreibungen gibt es für die Region genug. Im Unterschied zu diesen teilweise ausgezeichneten wandertechnischen Empfehlungen versteht sich dieses Buch gewissermaßen als Ergänzung für die Momente, in denen der Besucher zur Ruhe kommen will, die Seele baumeln lässt und sich auf literarische Weise in die Geschichte und die Atmosphäre seiner Wanderstation einleben oder bei einem Ausflug mit dem Auto kulturell erholen will. Nur wenige Lieblingsplätze müssen mit einer zeitlich nicht besonders anspruchsvollen Wanderung »erkämpft« werden.

Daher eignet das Buch generell für alle, die einen kulturellen Anspruch an ihren Urlaub knüpfen, für Weinliebhaber ebenso wie für passionierte Wanderer, die sich nicht nur mit dem Weg, sondern auch mit den Reizen des Ziels auseinandersetzen wollen. Mir ist es wichtig, dabei auf eine ausgewogene Mischung der Altersgruppen zu achten. Junge Familien mit kleineren Kindern sollen ebenso ihre Lieblingsplätze erobern können, wie junggebliebene Best Ager oder kulturinteressierte Ü60-Gäste. Sportliche Aktivitäten werden zwar angeboten, stehen aber nicht im Vordergrund. Entscheidend ist, dass das, was heutzutage oft als »Wellness« bezeichnet wird, nicht nur in einem Fünfsternehotel, sondern auch in der Freiluft einer Fünfsternelandschaft erlebt werden kann.

Stimmen Sie sich mit den Websites der Tourismusverbände auf Ihren Besuch ein: www.suedlicheweinstrasse.de und www.pfalz.de.

UM EDENKOBEN UND IM ANNWEILER TRIFELSLAND

1

Altstadt
Rund um den Marktplatz
67433 Neustadt an der Weinstraße
Tourist-Information:
+49 (0)6321 926892
www.neustadt.eu

Museum Otto Dill
Manfred-Vetter-Straße 8/
Ecke Rathausstraße
67433 Neustadt an der Weinstraße
+49 (0)6321 398321
www.otto-dill-museum.de

DIE PERLE DER DEUTSCHEN WEINSTRASSE

Altstadt

Manche behaupten, Neustadt sei die heimliche Weinhauptstadt Deutschlands. Wenn Sie durch die verwinkelten Altstadtgassen schlendern, sich bei einem der Lokale auf dem Marktplatz niederlassen und in der Sonne einen guten Tropfen Pfälzer Wein genießen, werden Sie sich vorbehaltlos dieser Ansicht anschließen. Für besonders durstige Gäste: die Weißherbstschorle.

Streng genommen gehört Neustadt noch nicht zur Südlichen Weinstraße. Dennoch mag das Städtchen als Ausgangspunkt für eine Reise dienen. Es ist das Bindeglied zwischen dem Qualitätsweingebiet der Mittelhaardt und der in puncto Prädikatsweinen aufsteigenden Südlichen Weinstraße. So verwundert es nicht, wenn man hier jedes Jahr nicht nur die pfälzische, sondern auch die deutsche Weinkönigin kürt.

Ich sitze gerne vor dem um 1580 erbauten Scheffelhaus, benannt nach dem Dichter des *Trompeter von Säckingen* und des bekannten Spottliedes *Als die Römer frech geworden.* So manches Mal saß der Poet hier vor etwa 150 Jahren bei einem Schoppen Wein, ließ seinen Blick über den Platz schweifen und beobachtete das bunte Treiben auf dem Wochenmarkt, wo munter »pälzisch gebabbeld« wird. Ist schon ein gemütliches Völkchen, wird es auch ihm durch den Kopf gegangen sein. Logisch, denn man versteht es, gesellige Weine und eine herzhafte, bodenständige Küche zu genießen.

Aber nicht immer zeigten sich die Pfälzer von ihrer freundlichen Seite. Rechter Hand erhebt sich das Wahrzeichen der Stadt: die aus dem 14. Jahrhundert stammende Stiftskirche. Das Innere ist noch heute ein Mahnmal der verworrenen Religionsgeschichte der Pfalz. Mal war die Kirche katholisch, mal lutherisch und mal diente sie den Reformierten, bis man 1714 einfach eine Mauer zwischen Langhaus und Chor errichtete, die die Glaubensbrüder strikt trennte. Immerhin wurde 1984 eine Tür in die Mauer geschlagen, sodass man seitdem ökumenische Gottesdienste feiern und die Sakristei gemeinsam nutzen kann.

Die Rathausstraße hinauf finden Sie das Otto-Dill-Museum, das einen guten Überblick über das Schaffen des neben Max Slevogt berühmtesten Malers der Pfalz verschafft.

2

Kuckucksbähnel
Abfahrt: Hauptbahnhof
Gleis 5
67434 Neustadt an der
Weiinstraße

DGEG Eisenbahnmuseum
Schillerstraße 3
67434 Neustadt an der
Weiinstraße
+49 (0)6321 30390
www.eisenbahnmuseum-neustadt.de

Die Entdeckung der Langsamkeit

Mit dem *Kuckucksbähnel* durchs Elmsteiner Tal

Die Pfalz ist am schönsten, wenn man sie sich erwandert. Aber auch für fußmüde Tage gibt es eine Alternative: eine Fahrt mit einer Museumsbahn, gezogen von einer historischen Dampflok. Von Neustadt aus können Sie mit dem »Kuckucksbähnel« das romantische Elmsteiner Tal erkunden. Erleben Sie die Fahrt in der 100 Jahre alten Holzklasse oder setzen Sie sich in den Waggon mit der Museumsschenke und genießen bei einem Glas Wein den Blick in die Natur.

Im Jahre 1847 begann in der Pfalz das Zeitalter der Dampflokomotiven mit der Anbindung Neustadts an die Industriezonen am Rhein. Anfangs standen die Pfälzer dem Dampfross skeptisch gegenüber: »Durch den Raach gehn unser Wingert kaputt, die Grumbeere kinnen net recht wachse und durch die Funke kann die ganz Ernt verbrenne!« Einige fürchteten gar um ihre Gesundheit angesichts der noch nie erlebten Höchstgeschwindigkeit von bis zu 30 Stundenkilometern und forderten das Aufstellen von Bretterzäunen entlang der Strecken, da der Blick aus dem schnell fahrenden Zug die Sinne überreizen und zu dauerhaften Hirnschäden führen könnte.

Doch die Befürchtungen erwiesen sich zum Glück als grundlos. 1909 wurde die Strecke durch das Elmsteiner Tal auf Drängen der einheimischen Fabrikanten und Holzunternehmer eingeweiht, um Personen und Güter schneller transportieren zu können. Bald begannen die Pfälzer, die Vorteile der Eisenbahn zu erkennen und nannten sie liebevoll das Kuckucksbähnel. 1960 stellte man jedoch die Personenbeförderung und 1977 den Güterverkehr ein. Das Kraftfahrzeug erwies sich als schneller und rentabler. Und das wäre bis heute so geblieben, wenn sich nicht im Jahre 1984 ein paar Nostalgiefreunde zusammengefunden und die Museumsbahn wiederbelebt hätten – allerdings nur an ausgewählten Wochenenden und an Feiertagen. Ganz zum Vergnügen vieler Touristen, die ihr Kraftfahrzeug lieber in Neustadt stehen lassen, nicht nur um den Liebreiz der Natur, sondern auch um die Schönheit der Langsamkeit wiederzuentdecken.

Das Eisenbahnmuseum: Neben den historischen Fahrzeugen sowie den letzten erhaltenen originalen Pfalzbahnfahrzeugen fasziniert die große Spur-I-Modellbahn.

8

Hambacher Schloss
Schlossstraße
67433 Neustadt an der Weinstraße
+49 (0)6321 926290
www.hambacher-schloss.de

DIE WIEGE DER DEUTSCHEN DEMOKRATIE

Hambacher Schloss

Die Deutsche Weinstraße reicht von Bockenheim nahe Worms bis nach Schweigen an der französischen Grenze und gliedert sich in die drei Teile Leiningerland, Mittelhaardt und Südliche Weinstraße. Genau in ihrer Mitte ragt eine der für die Geschichte der Bundesrepublik wichtigsten Burgen hervor, die Maxburg, besser bekannt als das Hambacher Schloss.

Der Ort, auf dem die Burg steht, hat eine bewegte Vergangenheit hinter sich. Einst siedelten hier Kelten, dann Römer, auf die die Grundmauern der heutigen Burg zurückgehen. Um 1000 bauten die salischen Kaiser eine wehrhafte Burg, die später an das Hochstift Speyer überging. Den Bauernkrieg überstand sie zwar geplündert, aber unzerstört. Bald fiel aber auch sie wie viele andere in der Pfalz den verschiedenen Fehden zum Opfer, gehörte zeitweise zu Frankreich, später dem bayerischen König. Der sorgte mit seiner restriktiven Zollpolitik und der Pressezensur dafür, dass die Burgruine ihre Sternstunde am 27. Mai 1832 erlebte, als sich zu ihren Füßen Menschen versammelten, um für mehr Freiheit und für die nationale Einheit Deutschlands zu demonstrieren.

Im Aufruf hieß es, dass das Fest »dem Kampfe für Abschüttelung innerer und äußerer Gewalt, für Erstrebung gesetzlicher Freiheit und deutscher Nationalwürde« diene – so ein Flugblatt vom April 1832. Prompt wurde es verboten. Aber die Behörden hatten nicht mit dem Selbstbewusstsein der Pfälzer gerechnet. Der Druck des Widerstands wurde so groß, dass man sich gezwungen sah, die Versammlung zu genehmigen. Über 20.000 kamen. Am frühen Morgen versammelte man sich auf dem Neustädter Marktplatz und zog unter Glockengeläut zum Schlossberg. Überall wehten schwarz-rot-goldene Fahnen, die Reihenfolge der Farben stand noch nicht fest. Nicht nur politische Losungen spielten eine Rolle: Die Dürkheimer Winzer wiesen auch auf ihre wirtschaftliche Misere hin. Man hielt Reden und feierte friedlich wie auf einem Weinfest. Aber mit der Heimfahrt der Teilnehmer begannen Unruhen, die 1848 in eine blutige Revolution münden sollten. Mit den modernen Wiederaufbaumaßnahmen der Ruine mag man hadern, unbestritten bleibt jedoch ihre Bedeutung als Wiege der deutschen Demokratie.

Besuchen Sie das gleichnamige Dorf zu Füßen der Burg, das zu Unrecht in ihrem Schatten liegt: einen romantischen Weinort, der seinesgleichen sucht.

4

Hotel Haus am Weinberg
Oberst-Barrett-Straße 1
67487 St. Martin
+49 (0)6323 9450
www.hausamweinberg.de

Heimatmuseum
Bergstraße 35
67487 St. Martin
+49 (0)6323 2854
www.sankt-martin-pfalz.de

Wellness, Wein und Weitblick

Hotel Haus am Weinberg

An der Grenze zwischen Wald und Weinbergen gibt es in der Südpfalz eine Reihe von Ausflugszielen, die einen weiten Blick in die Rheinebene bieten. Oft kann man hier auf einen Schlag sämtliche Annehmlichkeiten genießen, die die Pfalz zu bieten hat: saisonale Leckerbissen, Weinprobe, geführte Wanderung, Ortsbesichtigung und jede Menge Wellnessanwendungen. Einer dieser Orte liegt oberhalb von St. Martin.

Von der Terrasse, die auf einem Ausläufer der *Kalmit* liegt, dem höchsten Berg der Region, schweift der Blick über die Rheinebene bis hinüber nach Mannheim, Heidelberg und zum Odenwald. Weiter rechts können Sie die Spitzen des Speyerer Doms erkennen. Rechts grüßt die Kropsburg, eine um 1200 zum Schutz der Reichsfeste Trifels erbaute Wehrburg, zu deren bekanntesten Herren die zu Dalberg zählten, heute in Privatbesitz.

Vor Ihnen breitet sich der wunderschöne Ort St. Martin aus, oder wie die Pfälzer sagen würden, das »kläa Waidorf Maade«. Die Einheimischen werden gerne mit dem Spitznamen »Maademer Krabben« belegt. Spötter meinen, das leite sich mundartlich von der Krabbe, also dem Raben, dem Galgen- und Pechvogel ab. Die St. Martiner führen ihn jedoch auf den Krabbe zurück, eine vierzinkige Hacke zum Bearbeiten steiler Hänge. Der mittelalterliche Ortskern steht unter Denkmalschutz. Rund um den Kirchplatz befinden sich die schönsten Häuser, allen voran das Frühmesserhaus, der ehemalige Wohnsitz der Dalberg'schen Seelsorger, einem dankbaren Fotomotiv, das bereits eine Briefmarke zierte. Das Büro für Tourismus liegt in einem ehemaligen Kelterhaus, in dem einst die Untertanen ihren Weinzehnt an die St. Martiner Barone ablieferten. Am Hang vor der Kirche, die wegen ihrer gotischen Skulpturen einen Besuch lohnt, lädt der Bibelgarten ein, wo ein St. Martiner Winzer und Botaniker einige der Gewächse angebaut hat, die in der Bibel benannt werden: Akanthus, Granatapfel, Weihrauch, Ölbaum und Mastixstrauch.

Besuchen Sie das Heimatmuseum, das liebevoll ausgestattet einen guten Einblick in das »kläa Waidorf Maade« vermittelt. Informationen zu aktuellen Ausstellungen und Öffnungszeiten finden Sie auf der Website.

Berg Kalmit
Bergstation mit Parkplatz
67487 Maikammer

Wie auf einem Hexentanzplatz

Berg Große Kalmit

Südwestlich von Neustadt liegt mit 673 Metern der höchste Berg des Pfälzerwaldes. Vom Großen Kalmit aus haben Sie einen einmaligen Blick in die 500 Meter tiefer gelegene Rheinebene, auf Mannheim, Speyer und auf den gegenüberliegenden Odenwald bei Heidelberg. Bei guter Sicht tauchen am Horizont die Ausläufer des Schwarzwaldes auf. Der Name leitet sich aus dem Lateinischen ab: calvus mons – Kahler Berg.

Ich persönlich finde den Gipfel bei stürmischem Wetter am schönsten. Wenn dann der Berg nahezu menschenleer ist und die Wetterwolken groteske Gebilde am Himmel formen, fühlt man sich in eine geheimnisumwitterte Scheinwelt versetzt.

Zur Walpurgisnacht sollten Sie auf der Hut sein. Eine Pfälzer Sage berichtet von zwei Burschen aus dem nahe liegenden Weinort St. Martin, die in jener Nacht ihren Mut beweisen wollten, und die *Kalmit* hinaufstiegen. Zwei Rebpfähle nahmen sie zu ihrer Verteidigung mit. Um Mitternacht erreichten sie völlig erschöpft den Gipfel. Doch kein Hexentanz weit und breit. Also ließen sie sich im Schatten eines Felsen nieder und schliefen ein. Um ein Uhr bevölkerte sich der Gipfel. Die Hexen versammelten sich zu ihrem Tanz, und der Teufel blies auf einem Knochen eine so höllische Melodie, dass die beiden aufwachten. Sie wollten fliehen, doch die Hexen nahmen sie in ihre Mitte und trieben ein garstiges Spiel mit ihnen. Der Teufel bewarf sie mit Knochen. Dagegen halfen auch die Rebpfähle nichts. Die beiden nahmen Reißaus und rutschten auf allen vieren den Berg hinunter, verfolgt von den Hexen, die die armen Kerle mit ihren Besen vertrimmten. Besinnungslos brachen sie am Dorfeingang zusammen, völlig zerschlagen und mit weißen Haaren.

Um diesem Schicksal zu entgehen, sollten Sie sich statt mit Knüppeln mit ein paar Flaschen eines guten Tropfens versorgen und sie den Hexen als Opfergabe reichen. Aber lassen Sie genügend Wein für sich selber übrig, das ist die beste Medizin gegen Hexenzauber.

Südlich des Gipfels befindet sich das Felsenmeer, ein Paradies fürs Bouldern, das Klettern ohne Seil und Gurt. Ein Abenteuer für Klein und Groß.

6

Historischer Ortskern
Rund um den Marktplatz
67487 Maikammer
Büro für Tourismus:
+49 (0)6321 952768
www.maikammer.de

Gasthaus zum Winzer
Weinstraße Süd 8
67487 Maikammer
+49 (0)6321 5410
www.gasthaus-zum-winzer.de

VON SONNE UND WEIN VERWÖHNT

Historischer Ortskern

Mit der Ortsgemeinde Maikammer beginnt der Landkreis Südliche Weinstraße, das Kerngebiet dessen, was man allgemein die Südpfalz nennt, und eine eher mundartlich als politisch geprägte Gegend. Dem Gast wird sofort das lang gezogene »ä« in vielen Wörtern mit Diphthongen wie »ei« und »au« auffallen. Aus dem Staubsauger wird Stäbsäächer und Ääch kann sowohl für Eiche als auch für Auge stehen.

Am besten setzt man sich in Maikammer auf den Marktplatz, bestellt einen Wein aus einer der örtlichen Lagen Kirchenstück oder Heiligenberg und lauscht dem Postboten, wie er mit der Nachbarin die Prognosen zum Wetter oder zur diesjährigen Weinernte austauscht. Bei beidem kann es sich nur um angenehme Aussichten handeln, denn Maikammer wird nicht nur von der Sonne verwöhnt, sondern auch von den besten Weinen der Umgebung. In dem milden, der Toskana ähnlichen Klima gedeihen neben den Weinreben sogar Zitronen, Mandeln und Kiwis. An der Südseite des Rathauses befindet sich der sehenswerte Mediterrane Garten, der den Besucher durch den Duft von Thymian, Rosmarin, Salbei, Lavendel oder dem Kapernstrauch verzaubert und in dem man südliche Baumgewächse wie die Zypresse, die Feige, die Pistazie oder den Ölbaum findet.

Ein Spaziergang durch den von hübschen, gepflegten Fachwerkhäusern geprägten Ortskern mit seinen malerischen Gassen und Winkeln lohnt sich. Wenn man auf die Jahreszahlen in den Sandsteinportalen und Türbalken achtet, wird klar, welche jahrhundertealte Weinbautradition sich hinter den Fassaden verbirgt. Wer mehr dazu erfahren will, sollte nicht den Weinlehrpfad Mandelhöhe auslassen, der von der Alsterweiler Kapelle ausgeht. Auch diese ist mit ihrer gotischen Tafelmalerei auf dem Maikammerer Altar einen Besuch wert. Wer es etwas moderner mag, sollte sich nicht die *Gute Stube*, das *Haus Rassiga* in der Marktstraße, entgehen lassen, eine schön renovierte großbürgerliche Wohnstube aus dem 19. Jahrhundert.

Abends kann man gemütlich in der barocken Bacchusstube oder auf der mediterranen Gartenterrasse des Gasthauses zum Winzer sitzen.

7

Sonnentempel am Heiligenberg
An der L512
67487 Maikammer

Weingut Dengler-Seyler
Weinstraße Süd 6
67487 Maikammer
+49 (0)6321 5103
www.dengler-seyler.de

Ein Ort der Besinnung

Sonnentempel am Heiligenberg

Auf dem Heiligenberg, einem Hügel zwischen Maikammer und Edenkoben, befindet sich mitten zwischen den Weinstöcken ein auffälliges Häuschen. Mit seinen Säulen sieht es wie ein römischer Tempel aus, wurde jedoch erst im 19. Jahrhundert errichtet. Angeblich soll sich hier der Ort Weinsweiler befunden haben, an den nur noch der Name einer Gemarkung erinnert. Von seinen Menschen und Schicksalen weiß man heute fast nichts mehr.

Der *Sonnentempel* soll vor allem ein Ort der Besinnung sein und ein Platz, um an die Bedeutung der Römer für den Pfälzer Weinbau zu erinnern. Nachweislich haben hier bereits vor 2.500 Jahren keltische Fürsten Wein getrunken, den sie aus Südfrankreich importierten. Auch die römischen Legionäre labten sich am Wein, den man mühsam über die Alpen transportieren musste, bis jemand auf die Idee kam, gleich die Weinstöcke mitzubringen. Der Weinanbau in den römischen Provinzen gedieh so gut, dass die Winzer im Mutterland die Konkurrenz fürchteten und Kaiser Domitian Einschränkungen des Weinanbaus in den Provinzen befahl. Verhindern konnte er ihn nicht, und so kam es, dass wir den Römern Techniken und möglicherweise auch die Rebsorten Riesling, Silvaner und Gewürztraminer verdanken.

Wichtig war die Einführung des Kammertbaus, eines Vorläufers der heutigen Spaliererziehung. Jetzt lehnten die Weinstöcke nicht mehr an einzelnen Pfählen. Im Abstand von vier Metern wurden Holzpfähle in die Erde gerammt, die mit Querstangen verbunden und durch Stützpfeiler abgesichert wurden. So entstanden durchgehende Rebzeilen, jeweils drei im Verbund, an denen sich der Wein entlang rankte. Auch anderes erinnert an die Römer: die Kelter und das Winzermesser.

Der Federweißer wird damals so geschmeckt haben wie heute. Erst nach der Gärung kam es zu den Unterschieden. Der nicht geschwefelte römische Wein wurde schnell braun und oxidierte, die Säure milderte man mit gemahlenem Kalk und der Wein wurde mit Honig gesüßt oder mit Kräutern aromatisiert. Welten liegen zwischen der damaligen und der heutigen Kelterkunst!

Empfehlenswert: eine Weinprobe beim Weingut Dengler-Seyler, zu dessen bester Lage der Heiligenberg und der *Sonnentempel* gehören.

8
Weinessiggut
Doktorenhof
Raiffeisenstraße 5
67482 Venningen
+49 (0)6323 5505
www.doktorenhof.de

Zeit für saure Sinnlichkeit

Weinessiggut Doktorenhof

Essig soll man trinken, gar verkosten können? Unmöglich, dachte ich, bis ich das Weinessiggut Doktorenhof in Venningen kennen lernte. Mit »säuerlichen Grüßen« wird man im Familienbetrieb empfangen, der alles andere als den Eindruck eines genussfeindlichen Weinguts macht. Zwar hing überall auf dem romantisch versponnenen Hof ein leichter Essiggeruch, doch er fühlte sich durchaus nicht unangenehm an.

Der Name des Weinessiggutes leitet sich von der Einzellage »Venniger Doktor« ab. Der sympathische Essigwinzer Georg-Heinrich Wiedemann führt den Besucher in den Verkaufsraum und zeigt seine Produktpalette. Unvorstellbar, welche Köstlichkeiten sich aus Essig herstellen lassen. Zunächst die traditionellen Edelweinessige für Salate und zum Kochen, wie der Safran-Balsam, der sich für Fischsoßen und Meeresfrüchte eignet. Oder der exquisite Tartufo, ein mit frischem schwarzem Trüffel verbundener Spitzenessig für das Wildgericht. Als besondere Attraktion gelten die Aperitifessige, die man tropfenweise auf der Zunge zergehen lässt, wie der *Balsam of Roses*, bei dem Rosenblätter mitvergoren wurden, oder den *Ficus* mit seinem feinen Feigengeschmack, einer paradiesischen Verführung, die man gut zu Käse oder Wachteln reicht. Der *Doktorenhof* bietet auch Senfkreationen und Fruchtaufstrich mit sanfter Essignote an. Oder feine Essigpralinen aus besten Zutaten vom Confiseur geschaffen. Zarte Essige verleihen diesen wohl einmaligen Pralinen gefühlvolles Plaisir. Passt perfekt zur Kaffee- oder Teetafel.

Georg-Heinrich Wiedemann betont, dass alle Produkte in Handarbeit und nur mit auserlesenen Grundstoffen, beispielsweise einzeln geernteten Trauben aus eigenen Weinbergen hergestellt werden. Und das spürt man, wenn man an einer Führung durch die alten Kellergewölbe und einer anschließenden Degustation teilnimmt. Die durch den Essigdunst keimarme Luft tut den Lungen gut. Nach einer Einführung in die Kunst des Essigtrinkens werden fünf Edelessige verkostet, begleitet von Essiggebäck und Essigbrot.

Stellen Sie etwas Respiratio-Essig in einer Schale mit Wasser auf die Heizung. Das ergibt nicht nur eine frische Duftnote, sondern schützt auch vor Krankheitserregern.

9

Weingut Kloster Heilsbruck
Klosterstraße 170
67480 Edenkoben
+49 (0)6323 7040350
www.klosterheilsbruck.de

Herrenhaus Edenkoben
Klosterstraße 175
67480 Edenkoben
+49 (0)6323 2322
www.herrenhaus-edenkoben.de

STIMMUNGSVOLL IN ALTEN GEMÄUERN

Weingut Kloster Heilsbruck

Am westlichen Ortsausgang von Edenkoben liegt eines der schönsten Weingüter der Pfalz, das ehemalige, 1262 von Zisterzienserinnen gegründete Kloster Heilsbruck: Als ihr altes Kloster Heilsbruck in Speyer aufgegeben werden musste, suchte die Äbtissin Kunigunde einen neuen Platz. Im Traum war ihr ein Hirtenjunge erschienen, der ihr den Standort angeben sollte. So machte sie sich der Legende nach auf den Weg. Hinter Wazzenhofen – heute ein Ortsteil von Edenkoben – hörte sie plötzlich genau die Melodie, die sie täglich zu Ehren der Mutter Maria sang. Hinter einem Gestrüpp fand sie einen Hirtenjungen mit einer Weidenpfeife. So beschloss sie, das neue Kloster genau hier zu gründen.

Auf dessen Anwesen befindet sich die renommierte Einzellage Klostergarten mit langer Weinbautradition. Jacob Sulzer, der Hausherr, begrüßt uns mit einem Schwarzriesling Rosé Spätlese. Fruchtig, frisch. Auf seiner Weinkarte finden wir Köstlichkeiten wie die Gewürztraminer Beerenauslese oder die Sieger Trockenbeerenauslese, aber auch gesellige Tropfen wie den Sauvignon blanc. Seine Philosophie: Unser Wein schmeckt am besten in aller Ungezwungenheit, ohne Regeln zum »richtigen« Weintrinken.

Stolz führt uns der Winzer durch sein Reich. Den Hof mit den Grabplatten aus der Gründerzeit beherrscht ein 400 Jahre alter Maulbeerbaum, der einer Taufschale aus dem 16. Jahrhundert Schatten spendet. Im jahrhundertealten Weinkeller mit dem Kreuzgewölbe lagern uralte Holzfässer. Das Refektorium von 1540, ein eindrucksvoller Säulensaal, dient heute kulinarischen Weinproben. Über allem thront der schmale Seitenturm der im 19. Jahrhundert abgerissenen Kirche. Alles bestens vorbereitet, um eine stimmungsvolle Familienfeier zu buchen.

Der Klostergarten mit seinen Buchsbaumhecken lädt nicht nur Kinder zum Spielen ein. Wir nehmen unsere Weingläser und ergehen uns zwischen den wildwuchernden Kräuterbüschen. Eine tiefe Stille umfängt uns. Täusche ich mich, oder höre ich dort hinter einem Strauch die Melodie einer Hirtenflöte?

Für das kulturelle Wohl sorgt das *Herrenhaus Edenkoben*, ein privat geführtes Künstlerhaus, das mit hochkarätigen Ausstellungen, Konzerten und Lesungen lockt.

10

Friedensdenkmal Edenkoben
Am Werderberg
67480 Edenkoben
www.rock-am-friedens-denkmal.de

Waldgaststätte Friedensdenkmal
Auf dem Werderberg 1
67480 Edenkoben
+49 (0)6323 5918
waldgaststaette-friedensdenkmal.de

VOM SIEGES- ZUM FRIEDENSZEICHEN

Friedensdenkmal

Das Denkmal oberhalb von Edenkoben gehört zu den Wahrzeichen der Südlichen Weinstraße, die bis weit in die Rheinebene sichtbar sind. 1899 vom jungen Deutschen Reich als Sieges- und Friedensdenkmal zur Erinnerung an den Deutsch-Französischen Krieg errichtet, wird es heute nur noch als Friedensdenkmal bezeichnet.

Vor einer Halle sitzt ein nackter Jüngling auf einem Pferd ohne Sattel und Zaumzeug. Man beachte: kein Krieger. Er trägt weder Uniform noch Waffen, und ihn schmückt kein Siegerkranz. Im Gegenteil, er hält einen Ölzweig in der Hand und zeigt mit dem Friedenssymbol, gleich einer Geste der Versöhnung, gen Frankreich.

Doch vom Frieden in Versöhnung war bei der Einweihungsfeier keine Rede. Vor 14.000 Kriegervereinsmitgliedern sagte der Vorsitzende des Denkmalkomitees: »Dieser in Kanonenerz gekleidete Friedensheros kündet der deutschen Welt: Es ist wieder Friede worden. Verdient, was Euch errungen worden, seid einig und seid treu und Ihr werdet stark sein und unüberwindlich.«

Eine Buntmetallsammlung vor dem Ersten Weltkrieg und die Novemberrevolution hatte das Denkmal trotz erheblicher Beschädigungen überstanden. Es galt als überregional und künstlerisch bedeutend. 1934 konnte verhindert werden, dass vor dem Denkmal eine nationalsozialistische Feierstätte für vaterländische Kundgebungen mit bis zu 2.800 Mann errichtet wurde. 1942, mitten im Zweiten Weltkrieg, entging es als »Symbol des glorreichen Sieges von 1870/71« der Aktion »Metallspende des deutschen Volkes«, bei der zur Rohstoffgewinnung Gegenständen aus Metall eingeschmolzen wurden.

Nach dem Krieg bestimmte die Alliierte Militärregierung, dass bei dem Denkmal nunmehr die Betonung auf »Frieden« liegen sollte. Der Ort wurde in den letzten Jahrzehnten zu einem beliebten Ausflugsziel. Heute finden vor dieser Kulisse jährlich Open-Air-Konzerte statt, bei denen die Jugend Europas friedlich zu Rockmusik tanzt.

Die Waldgaststätte an der Rückseite des Denkmals lädt zum gemütlichen Verweilen ein.

11

Schloss Villa Ludwigshöhe
Villastraße 64
67480 Edenkoben
+49 (0)6323 93016
www.schloss-villa-ludwigshoehe.de
www.max-slevogt-galerie.de

Bayerische Residenz in der Pfalz

Schloss Villa Ludwigshöhe

Eine etwa 800-jährige Geschichte verband bis 1946 die Pfalz mit Bayern. Es war eine Hassliebe wie bei einem launischen Ehepaar, das sich nicht trennen, aber auch nicht so recht zusammenleben kann. Meist war die Pfalz als bayerischer Bezirk die Verliererin in diesem Bund. Das konnte auch nicht der bayerische Propagandaspruch »Bayern und Pfalz, Gott erhalt's« vertuschen. In der Mitte des 19. Jahrhunderts war es am schlimmsten.

Ausgerechnet in dieser schweren Zeit begann 1845 der bayerische König Ludwig I. die Villa hoch über Edenkoben zu errichten. Offenbar wollte er mit ihr seinen Herrschaftsanspruch sichtbar zum Ausdruck bringen. Weithin leuchtet seitdem das Schloss mit dem bescheidenen Namen Villa Ludwigshöhe in die Rheinebene hinein und ist aus dem Panorama der Hänge der Südlichen Weinstraße nicht mehr wegzudenken. Denkmal und Landschaft verbinden sich in harmonischer Weise. Nichts erinnert mehr an die gelegentliche Anspannung der Beziehung zwischen Pfälzern und Bayern.

Der klassizistische Bau mit seiner doppelgeschössigen Säulenfront und der einen Innenhof umschließenden Vierflügelanlage erinnert an eine italienische Villa, was nicht verwundert, da Ludwig antike Bauwerke dieser Art bereits in Pompeji gesehen hatte, dessen Ausgrabungen er mit Interesse verfolgte. Bemerkenswerterweise verzichtete der König auf einen parkähnlichen Vorgarten, sodass als Charakteristikum dieser Anlage die Weinberge bis fast vor die Terrasse reichen.

Auch im Inneren findet der Besucher die Einflüsse des Pompejanischen Stils wieder. Höhepunkte sind die Wandausmalungen im Speisesaal. Ornamente, Girlanden, Blumenmuster, Vogelszenen und tanzende Bacchantinnen sind den Originalen aus der in Lava versunkenen römischen Stadt nachempfunden. Doch sie gehen über sie hinaus, sie erinnern an die zarten Gemälde des Rokokomalers François Boucher. Eine heitere Atmosphäre, passend zur mediterranen Weinlandschaft, eine Versöhnung zwischen Pfälzern und Bayern.

Im Obergeschoss befindet sich die Max-Slevogt-Galerie, eine Schatzkammer mit Werken des in der Pfalz verstorbenen impressionistischen Malers.

12

Bummel durch Rhodt
Startpunkt:
Alter Kastanienhof
Theresienstraße 79
76835 Rhodt unter Rietburg
+49 (0)6323 9881300
www.alter-kastanienhof.de
www.rhodt.de

Rietburgbahn Edenkoben
Talstation: Villastraße 67
67480 Edenkoben
+49 (0)6323 1800
www.rietburgbahn-edenkoben.de

WEIN, TRADITION, KULTUR

Bummel durch die Gassen

Der Weinort Rhodt unter Rietburg gilt für viele als das Herz der Südlichen Weinstraße. Mit seinen schmucken Winzerhäusern, den fein ausgeschmückten Sandsteinportalen, die oft in malerische Hinterhöfe führen, und der mit ausladenden Kastanienbäumen bepflanzten Theresienstraße steht der Ort zu großen Teilen heute unter Denkmalschutz. Ein Bummel durch die Gassen und die Einkehr in einem der Weinlokale lohnt sich allemal.

In der Ortsmitte lockt der Durlacher Hof. Einst Amtssitz, dient er heute der Gemeinde als Ort kultureller Veranstaltungen und Ausstellungen. Als Rhodt 1603 durch Gebietstausch an die Markgrafschaft Baden-Durlach kam, begann für die Rhodter Winzer der Aufschwung. Die heute noch zu bewundernden prächtigen Höfe sind Ausdruck des damals einsetzenden Reichtums.

Besonders einladend ist der Alte Kastanienhof, das einzige Restaurant am Ort, das sich mit der Auszeichnung »Empfohlenes gastliches Haus« schmücken darf. Genießen Sie auf der Südterrasse mit Weinlaube oder im einladenden Innenhof eine schmackhafte Regionalküche. Oder das Weingut und Gästehaus Seelos, das im Hof eine gemütliche Straußwirtschaft betreibt. Wenn Sie einen »Rhodter Piff« bestellen, wird Ihnen ein Literglas Wein serviert, eine Erfindung eines Rhodter Wirts aus dem Jahr 1903. Damals galt es bei Landauer Damen als unschicklich, einen Schoppen Wein zu bestellen, also tranken sie aus Achtellitergläsern. Allerdings nicht selten achtmal hintereinander. Also bemühte der Wirt seine Mathematikkenntnisse, schuf das schlichte Literglas und servierte den Wein mit der Bemerkung: »Egal was ihr in Landau unter einem Piff versteht, bei uns in Rhodt ist das ein Piff.«

Rhodt hat einen renommierten Ruf als Künstlerdorf. Hier leben und arbeiten bekannte Maler wie Heinz Brzoska, der Metallkünstler Bernhard Roch und viele andere mehr.

Eine besondere Attraktion ist die Fahrt mit der ältesten Sesselbahn der Pfalz zur Rietburg mit ihrer Höhengaststätte.

18

Weingut Oberhofer
Am Linsenberg 1
67483 Edesheim
+49 (0)6323 944911
www.weingutoberhofer.de

Weincafé & Vinothek Oberhofer
Staatsstraße 2
67483 Edesheim

Ältester Weinberg der Welt

Weingut Oberhofer mit Weincafé

Am östlichen Ortseingang von Rhodt befindet sich ein Wingert mit einem Rosenbogen, gleich neben der Landstraße. Nur wenige, die vorbeifahren, wissen, dass sich hier der älteste unter Reben stehende Weinberg der Welt befindet. Rund 400 Jahre sind die Gewürztraminer-Rebstöcke alt. Wenn die erzählen könnten, was sie schon alles erlebt und überlebt haben: Kriege, Pilzkrankheiten, und fast wären sie einem Parkplatz zum Opfer gefallen.

Heute wird dieser als Naturdenkmal geschützte Weinberg von der Familie Oberhofer gepflegt, die auf eine über 250-jährige Weinbauerfahrung zurückblicken kann. Die wenigen Rebstöcke mit den Traminer- und ein paar Weißburgundertrauben werden sorgfältig handgelesen. Die Ernte schwankt jährlich zwischen 50 und 250 Liter (QbA) mit rund 100 Grad Oechsle, eine auf nummerierte 0,375-Liter-Flaschen gezogene Weinrarität, die dennoch zu erschwinglichen Preisen zu erstehen ist. Der Winzer Pascal Oberhofer ist stolz auf diesen geschichtsträchtigen Weinberg und den Wein: »Er verströmt einen üppigen, an blühende Rosen erinnernden Duft. Den Traminer schmeckt man heraus.«

Aber auch die anderen Weine haben es in sich. Ihre Philosophie: Durch biologischen Weinanbau und durch Konzentration auf niedrige Erträge wird hochwertiges Lesegut erzeugt. Der schonende und sortentypische Ausbau garantiert charaktervolle Spitzenweine. Das hat das Weingut unter die Top 100 der besten Weinerzeuger eingereiht. Die Weinliste liest sich wie ein Führer durch die höchsten Güte-Auszeichnungen, so beispielsweise der Spätburgunder *Apfelgarten,* ein guter Tropfen für Rotweinfreunde.

Der Wein aus dem Ältesten Weinberg der Welt – Rhodter Rosengarten Gewürztraminer – wird in 0,375-Liter-Flaschen gefüllt und einzeln verpackt. Der auffaltbare Karton steht sinnbildlich für die vier Jahrhunderte des Weinbergs sowie für die vier Elemente und wurde mit dem *German Design Award,* dem deutschen Verpackungspreis sowie einem *Red Dot Award* ausgezeichnet.

Ein Besuch in der Vinothek ist nicht nur ein Gaumengenuss, man sitzt auch gemütlich und lässt sich gerne mit Leckereien verwöhnen.

14

Landrestaurant Burrweiler Mühle
Burrweiler Mühle 202
76835 Burrweiler
+49 (0)6323 980751
www.burrweilermuehle.de

Waldgaststätte Forsthaus Heldenstein
Schänzelstraße 6
67480 Edenkoben
+49 (0)6323 949666
www.forsthaus-heldenstein.de

EIN STÜCK VOM PARADIES

Landrestaurant und Weingut Burrweiler Mühle

»Ein Stück vom Paradies« lautet das Motto der Familie Wiss, die den Hof in zehnter Generation betreibt. Und sie hat recht. Ein schmaler Wirtschaftsweg führt zu einem der gemütlichsten Ausflugsziele rund um Edenkoben. Nicht leicht zu finden, aber die Suche lohnt sich. Abseits von der Hektik der Weinstraße liegt das Gehöft mit seinem Weiher, dem von schattenspendenden Mandelbäumen umsäumten Garten und dem großen Kinderspielplatz mitten zwischen den Rebstöcken, durchflossen vom Modenbach, der einst die Mühle antrieb.

Wer im Garten auf der Insel des Karpfenteichs bei einer Portion Burgunder Perlhuhn und einem Glas Riesling sitzt, möchte meinen, er hätte das Schlaraffenland entdeckt. Dabei ging es hier nicht immer paradiesisch zu. Die 1686 erbaute Mühle überstand 1794 die Zerstörungswut der französischen Truppen und konnte bis ins Jahr 1960 erfolgreich betrieben werden. Trotz der Wasserkraft war das eine harte Arbeit. Gerade die Müller – von den Weinbauern als »Bachadel« bezeichnet – mussten sich mit vielen Problemen herumschlagen. Mal fehlte ihnen das Wasser, weil die Bauern bachaufwärts ihre Wiesen bewässerten, mal behinderten Holzflößer das Mühlenrad. Stets entbrannte der Kampf um die Wasserrechte. Jeder achtete darauf, dass er genug »Wasser auf die Mühle« bekam. Und im Volksmund galt eine Mühle oft als Ort des Unheils, des Aberglaubens und der Gespenster.

Dieses Bild hat sich Gott sei Dank grundlegend geändert. Aus den Müllern sind Hotelkaufleute geworden. Im Jahre 1973 eröffnete die Familie Wiss den Gutsausschank, und die 2010 umfassend restaurierten Räumlichkeiten zeugen heute vom guten Geschmack der Besitzer. Auch der Heuboden wurde restauriert und bietet Platz für bis zu 60 Personen. Der Bruder des Mühlenwirts betreibt das gleichnamige Weingut, dessen Tropfen bereits mit Goldmedaillen prämiert wurden, und die man in geselliger Runde am Kamin in der Weinstube verkosten kann.

Lohnenswert: Eine Fahrt durch das romantische Modenbachtal bis hoch zum *Forsthaus Heldenstein*, wo man erneut einkehren kann.

15

Blick in die Ebene vor der
St. Annakapelle
Parkplatz:
St. Annahütte
St.-Anna-Straße
76835 Burrweiler
+49 (0)6345 3931

Katholischen Pfarramt
Mariä Heimsuchung
Weinstraße 3
76835 Burrweiler
+49 (0)6345 3610
www.annakapelle.de

Wallfahrten zu Ehren der Heiligen

St. Annakapelle

Auf einem Bergvorsprung oberhalb von Burrweiler steht die weithin sichtbare St. Annakapelle und lädt zur Besinnung und zu einem herrlichen Blick über die Rheinebene ein. Schon seit Langem ist sie Ziel von Wallfahrten. Ihre Geschichte reicht bis ins Jahr 1716 zurück, wobei sich Vermutungen über frühere Bebauungen als reine Spekulation erwiesen. In heutiger Form steht sie seit dem Jahre 1895. Der Kreuzweg, der die Pfarrkirche im Ort mit der St. Annakapelle verbindet, existiert seit 1881.

Die Motive für die erste Gründung der Kapelle liegen heute im Dunkeln. Treibende Kraft für eine Neugestaltung war 1753 das Gelöbnis der Burrweiler und Flemlinger, nach einer Pestepidemie jedes Jahr am 1. Mai eine Wallfahrt zu dem kleinen Gotteshaus zu unternehmen, damit das Sterben aufhörte. Und wie durch ein Wunder geschah es auch. Als wenig später mehrere Gemeinden in der Umgebung Wallfahrten mit dem Ziel anstrebten, die heilige Anna, die Großmutter Jesu, darum zu bitten, die Rebstöcke vor dem Befall von Schädlingen zu bewahren, nahm die Bewegung einen großen Aufschwung, der bis heute anhält. Nur während der Französischen Revolution setzte ein Rückgang ein, aber selbst die Nationalsozialisten mit ihrer kirchenfeindlichen Politik konnten das Bedürfnis der Menschen nach religiösem Trost nicht behindern, obwohl sie zeitweise den zuständigen Pfarrer Ernst Nachtigall schikanierten und inhaftierten. Auf ihn geht auch die Anschaffung mehrerer Reliquien zurück, die sich seitdem im Besitz der Pfarrei befinden.

Heute lockt der Ort am 1. Mai, am 26. Juli, dem Tag der heiligen Anna, und an neun Dienstagen im Sommer Tausende von Gläubigen nach Burrweiler. So ist die kleine Kapelle auf dem Hang des Teufelsbergs nicht nur ein wunderbarer Platz, um die Aussicht zu genießen, sondern auch ein Beleg für die Treue der Pfälzer zur St. Annawallfahrt. Ein Ort der Besinnung, ein Zeichen gelebter Frömmigkeit.

Die *St. Annahütte* nahe der Kapelle lädt Wallfahrer und durstige Wanderer gleichermaßen zu einer Rast im Biergarten ein.

16

Weingut Gutsschenke Sankt Annaberg
St.-Anna-Straße 203
76835 Burrweiler
+49 (0)6345 3258
www.sankt-annaberg.com

HÖCHSTES WEINGUT DER PFALZ

Weingut St. Annaberg

Das Weingut St. Annaberg ist das höchstgelegene Weingut der Pfalz und liegt mitten in hauseigenen Rebflächen. Die Bergterrassen zeichnen sich durch ein ideales Zusammentreffen von Buntsandstein und Schiefer aus, was den Weinen den unverwechselbaren Bodencharakter verleiht. Im Sommergarten der Gutsschenke kann man sich mit Speis und Trank verwöhnen lassen und gleichzeitig den schönen Blick in die Ebene genießen.

Einst diente die Schenke als Klause, in der sich die Pilger auf ihrer Wallfahrt zur Annakapelle stärkten. Doch die Zeit von mitgebrachtem Vesperbrot und einfachem Landwein ist vorbei. Heute bewirtschaftet die Winzerfamilie Lergenmüller, deren Weinbautradition auf das Jahr 1538 zurückreicht, das Weingut St. Annaberg – neben einem im benachbarten Hainfeld ansässigen Weingut. So verbindet sich jahrhundertealte Erfahrung mit dem charaktervollen Boden und den günstigen klimatischen Bedingungen der sonnenverwöhnten Weinberglage.

Die Brüder Stefan und Jürgen Lergenmüller betonen, dass sie ihre Weine nicht nach der üblichen Einstufung in Prädikat, Spätlese, Auslese und so weiter benennen, sondern ähnlich wie in den romanischen Ländern nach lagentypischen (Terroir-Linie) und rebsortentypischen (Rebsorten-Linie) Eigenschaften. Damit stellen sie sich den Ansprüchen einer qualitätsbewussten Weinbauphilosophie, die sich gegen ein globalisiertes »Wein-Design« und für die Rückbesinnung auf den individuellen Charakter des Weinbergs richtet. Das Ergebnis der umweltbewussten Bodenorientierung, der radikalen Ertragsreduzierung, der schonenden Traubenlese und der einfühlsamen Kellereitechnik sind Weine der Spitzenklasse, allen voran die Großen Gewächse wie der Burrweiler Schäwer Riesling oder der Burrweiler St. Annaberg Spätburgunder. Weine, bei denen man im Geiste genüsslich mit dem Gaumen durch die Burrweiler Weinberge geht und die paradiesische Landschaft der Südpfalz durchlebt.

Probieren Sie zur Abwechslung eines der hauseigenen Destillate: den 40-prozentigen Haselnuss-Geist oder den Alten Pfälzer Weinbrand. Ein edles Feuer im Körper, das man hin und wieder gebrauchen kann.

17

Winzergaststätte Grafen von der Leyen
Weinstraße 18
76835 Burrweiler
+49 (0)6345 3620
www.winzergaststaette-burrweiler.de

Antik Ofen Galerie e.K.
Markus Stritzinger
Hauptstraße 1
76835 Burrweiler
+49 (0)6345 919033
www.antik-ofen-galerie.de

Durchs schönste Hoftor

Winzergaststätte Grafen von der Leyen

Wer in Burrweiler von der Durchgangsstraße aus zur Kirche abbiegt, stößt kurz dahinter auf ein auffälliges Eckhaus. Die Winzergaststätte Grafen von der Leyen war früher das alte Dahner Amtshaus, von dem heute noch eines der schönsten Hoftore erhalten ist. Der mächtige Bogen weist kunstvoll gestaltete Reliefs auf: Fabeltiere wie Drachen und Einhörner, aber auch Löwen, einen Adler und einen Affen mit einem Spiegel.

Lassen Sie sich von den Gestalten nicht abschrecken, treten Sie ruhig ein. Auf dem malerischen Innenhof und oben in der gemütlichen Winzerstube sitzt man in historischem Ambiente und kann sich von der guten Küche und den geselligen Weinen verwöhnen lassen. »Nur ein gutes Grundprodukt kann auch ein gutes Endprodukt ergeben« lautet das Motto des Hausherrn und Küchenchefs Michael Schomburg. Dabei legt er Wert auf saisonal-regionale Produkte und auf einen ausgewogenen Mix von typisch Pfälzerischem und anspruchsvoller überregionaler Küche. Von der Bauernterrine mit Quittengelee über den über die Pfalz hinaus bekannten Leberwurststrudel bis hin zum Lammrücken und dem Lachsforellenfilet.

Hinter dem Namen des Hauses verbirgt sich eine abwechslungsreiche Geschichte. Ursprünglich Sitz der Dahner Burgherren, fiel es 1657 an die Grafen von der Leyen – nicht zu verwechseln mit der gleichnamigen Politikerin –, die für den Ort eine wichtige Rolle spielten. Im 19. und 20. Jahrhundert gehörte das Anwesen reichen Patriziern. 1953 übernahm es die Burrweiler Winzergenossenschaft, um in den kühlen Kellern ihre Weine zu lagern. Oben betrieb sie einen kleinen Weinausschank. Als sich diese Genossenschaft 1961 auflöste, beschloss ein Kreis von örtlichen Winzern und anderen Bürgern, die Tradition weiterzuführen und gründete eine Gaststättengenossenschaft, bis heute etwas Einmaliges in der Pfalz. So ist die Weinkarte ein Spiegelbild der vielseitigen und ausgezeichneten Weinbaukultur Burrweilers.

Gegenüber befindet sich eine sehenswerte *Antik Ofen Galerie* mit Schmuckstücken von der Barockzeit bis hin zum Bauhausstil.

18

Weingut Herbert Meßmer
Gaisbergstraße 5
76835 Burrweiler
+49 (0)6345 2770
www.weingut-messmer.de

Vinothek Das Weinhaus
Weinstraße 6
76835 Burrweiler
+49 (0)6345 9599799
www.dasweinhaus.com

MIT ALLEN SINNEN GENIESSEN

Weingut Meßmer

Das Weingut Meßmer ist einer der 28 Betriebe in der Pfalz, die das Gütezeichen »VDP« führen dürfen. Der Verband Deutscher Prädikats- und Qualitätsweingüter ist ein Zusammenschluss von Winzern, die sich auf Spitzenweine spezialisieren und sich von den Großproduzenten abheben, welche den Wert ihrer Weine fast ausschließlich nach dem Alkoholgehalt einstufen, was oft zu einer Einebnung von Qualitätsunterschieden führt.

Gregor Meßmer setzt dagegen auf eine Betonung der Lagencharakteristik. »Das Schicksal eines Weins entscheidet sich zum Großteil am Rebstock. Aber auch im Keller will der Wein geliebt, gepflegt und sensibel behandelt werden«, so lautet seine Devise. Grundlage für den Erfolg der Weine ist der Burrweiler Schäwer, eine der renommiertesten Schieferlagen der Pfalz, auf der Große Gewächse (entspricht dem französischen Grand Cru) wie der Riesling gedeihen. Diese höchste Qualitätsstufe des VDP setzt voraus, dass der Wein aus einer eingrenzbaren Lage mit optimalen Wachstumsbedingungen stammt, nur traditionelle Rebsorten verwendet werden, die Ertragsmenge sich auf maximal 50 Hektoliter pro Hektar beschränkt, die Lese ausschließlich per Hand erfolgt und bei der Weinbereitung traditionelle Produktionsverfahren eingesetzt werden. Das bedeutet: kurzer Anschnitt der Reben, saubere Laubarbeit, schonende Pressung und behutsamer Ausbau im Keller. Kein Wunder, dass eine so sorgfältige Arbeit den lagentypischen Charakter der Meßmer-Weine bestens zum Ausdruck bringt.

Aber der Wein will auch in einem angemessenen Rahmen verkostet werden. Das weiß Martin Meßmer und lädt zu einer speziellen Methode der Blindverkostung ein. In der Krypta seiner Vinothek werden Weine verkostet, ohne Namen zu nennen, jedoch bei veränderten Rahmenbedingungen. Während der Probe ändern sich die eingespielte Musik, die Farbe der Raumbeleuchtung und die Bildprojektion auf einer Leinwand. Ein spannendes Erlebnis, das Meßmers Theorie vom Einfluss des Ambientes auf den Weingenuss bestätigt.

Das zum Hause gehörende Restaurant *Ritterhof zur Rose* in der Weinstraße 6a verwöhnt mit seiner exzellenten Küche (www.ritterhofzurrose.de)

19

Sonnentempel
im Park der Privatklinik
Bad Gleisweiler
Badstraße 28
76835 Gleisweiler
www.gleisweiler.de

Stiftung Simonshof
Hauptstraße 7
76835 Gleisweiler
+49 (0)6345 7483
www.stiftung-simonshof.de

IM PFÄLZISCHEN NIZZA

Sonnentempel

Der kleine Winzerort Gleisweiler liegt abseits vom Durchgangsverkehr, gegen den kalten Westwind geschützt durch die Hänge des Teufelsbergs, an klimatisch bevorzugter Stelle. Man sagt ihm nach, er habe das mildeste Klima in der Pfalz und nennt ihn gerne das »pfälzische Nizza«. Sein südländisches Flair verdankt er den Feigen, Mandeln, Zitronen und Edelkastanien, die hier bestens gedeihen.

Gern flaniert man durch die engen, verwinkelten Gassen und kleinen Plätze mit den Sandsteinbrunnen und bewundert die malerischen Fachwerkhäuser, die das Ortsbild prägen. Immer wieder streift zwischendurch der Blick hinunter in die Rheinebene. In einem Seitental am westlichen Ortsrand befindet sich eine von einem Landschaftspark im englischen Stil umgebene Privatklinik. 1844 gründete hier ein Landauer Arzt eine der ersten Kaltwasserheilanstalten Deutschlands, ein Behandlungsverfahren, das später durch den oberschwäbischen Pfarrer Sebastian Kneipp berühmt wurde. Das klassizistische Haupthaus erbaute Leo von Klenze, der Hofbaumeister König Ludwigs I. und Architekt der naheliegenden Villa Ludwigshöhe. Der Garten mit seinen exotischen Bäumen und Sträuchern ist über eine Brücke mit den öffentlichen Wegen verbunden.

Der ästhetische Höhepunkt der Anlage ist der Sonnentempel, eine halbkreisförmige Säulenhalle mit Blick nach Süden. Er stammt aus dem Jahre 1718, stand zunächst in Landau und wurde später hierher versetzt. Seinen Namen scheint er zu Recht zu tragen. Der sonnige Frühling stellt sich früh ein. Anfang März blühen weiß die Mandelbäume. Da der Westwind als Föhn die Osthänge des Pfälzerwaldes hinunter in die Rheinebene weht, hält sich die Niederschlagsmenge in Grenzen. Gewitter in den warmen Sommern sind eher selten. Im kurzen Winter sinkt das Temperaturmittel nur wenig unter Null Grad. Hier verzeichnet man über 1.800 Stunden Sonnenschein pro Jahr bei einem Jahresmittel von etwa 10° C. Ein idealer Platz also für Sonnenanbeter.

Im historischen Gebäude der Stiftung Simonshof ist unter anderem eine Ausstellung des berühmten französischen Architekten und Designers Jean Prouvé zu bewundern.

20

Trifelsblickhütte
Am Teufelsberg
76835 Gleisweiler
+49 (0)6345 2237
www.pwv-gleisweiler.de

PFÄLZER GASTFREUNDSCHAFT

Trifelsblickhütte

Nur wenige Hütten sind direkt mit dem Auto zu erreichen, sie müssen in der Regel zu Fuß erwandert werden. Bei der Trifelsblickhütte ist das nicht anders, aber die halbe Stunde Fußmarsch lohnt sich allemal. Am bequemsten startet man vom Parkplatz nahe der St. Annakapelle oberhalb Burrweilers. Vom Waldparkplatz Gleisweiler sind es etwa 50 Minuten Anstieg. Oder man wählt den Panoramaweg vom Parkplatz *Drei Buchen* bei Ramberg.

Die 1970 errichtete Wanderhütte liegt auf 550 Metern Höhe und bietet einen einmaligen Fernblick in die Wälder des Wasgaus bis hinüber zu den Vogesen. Linker Hand öffnet sich der Blick in die Rheinebene, bei gutem Wetter kann man die Turmspitzen des Straßburger Münsters erkennen. Fast auf Augenhöhe erhebt sich gegenüber die Reichsburg Trifels. Die Hütte mit Ausblick bietet innen für etwa 120 und im Außenbereich für etwa 200 Personen Platz, mit einem attraktiven Kinderspielplatz inklusive. Wegen ihrer Lage ist sie nicht an das öffentliche Versorgungsnetz angeschlossen. Ein Gastank, eine Fotovoltaikanlage und ein gasbetriebenes Notstromaggregat stellen die Versorgung sicher. Träger der Hütte ist die Ortsgruppe Gleisweiler des Pfälzerwald-Vereins (PWV). Sie wurde mit finanzieller Hilfe der Ortsgemeinde in Eigenarbeit errichtet und wird ehrenamtlich bewirtschaftet.

Natürlich werden hier nur regionale Weine ausgeschenkt. Dazu passend eine frisch zubereitete Gemüsesuppe, eine Portion Pfälzer Saumagen oder die Hausmacher Würste mit ein paar Scheiben vom würzigen Sechspfünder Sauerteigbrot.

Aber nicht nur des Blicks wegen ist die Trifelsblickhütte einen Besuch wert, vor allem sind es die Menschen, die man hier trifft. Die sympathischen Gastgeber hinter der Theke und in der Küche, die Wanderer aus allen Teilen Deutschlands, mit denen man sich die Tische teilt und zu Zeiten der Anna-Wallfahrt die Wallfahrer, die sich nach der inneren Erbauung mit weltlichen Genüssen stärken.

Probieren Sie den leckeren Kuchen, der der Hütte bereits den Beinamen Kuchenhütte verliehen hat.

GESCHICHTEN VOM PFÄLZER WEIN

Wildreben gab es lange, bevor der Mensch die Pfalz besiedelte, doch den Wein als Kulturpflanze brachten erst die Römer ins Land. Allerdings sind vor ihnen Weintrinker bezeugt: Bei Bad Dürkheim fand man Weinamphoren und Trinkbecher als Grabbeigabe für Keltenfürsten, die sich das kostbare Getränk wahrscheinlich aus Südfrankreich importierten. Mit den Römern kamen Soldaten, die mit Wein bei guter Laune gehalten werden mussten. Doch weil der Weintransport über die Alpen mühsam war, nahm man gleich die Rebstöcke mit in den Norden.

Und siehe da, die Reben wuchsen und gediehen. Einen der ältesten flüssig erhaltenen Rebweine der Welt, ein Römerwein aus einem Jahr um 300 n.Chr., kann man im Historischen Museum Speyer bewundern. Es war jedoch noch ein weiter Weg bis zu den Weinen höchster Qualität, durch die sich das Anbaugebiet Südliche Weinstraße heute auszeichnet.

Wein wurde früher in Fässern vermarktet. Die heute übliche Flaschenfüllung existiert erst seit dem 19. Jahrhundert. In Städten wie Landau stand der Weinhandel unter der Kontrolle des Rats, der einen Eichmeister einsetzte, welcher den festgesetzten Verkaufspreis, die sachgemäße Lagerung und die Qualität in den Gasthäusern überwachte.

Oft versuchten betrügerische Weinhändler, sich einen größeren Verdienst zu verschaffen, indem sie den Wein panschten. Sie lockerten einen Fassreifen, bohrten ein Loch in das Holz und schöpften sich eine gewisse Menge Wein ab, die sie dann durch Wasser ersetzten. Anschließend verstopften sie das Bohrloch wieder und deckten den Reif darüber. Die Endverbraucher bemerkten die Verwässerung erst, als sie überhandnahm. Daraufhin sah sich Kaiser Maximilian I. im Jahre 1498 genötigt, eine »Satzung und Ordnung über den Wein« zu erlassen mit dem ausdrücklichen Verbot der unerlaubten Weinentnahme und nachträglichen Wässerung der Weine während des Transports.

In Zeiten uneingeschränkter Fürstenherrschaft gab es in manchen Weindörfern den sogenannten »Bannwein«. Die Grundherren konnten bestimmen, dass zu bestimmten Zeiten kein anderer Wein ausgeschenkt werden durfte als der, den sie ihrer Gemeinde verkauften. Das war aber genau der Wein, den die Bauern vorher als Zehnt abgeliefert hatten. Sie sollten also ihren eigenen Wein gegen gutes Geld zurückkaufen. Natürlich stieß das auf Widerstand. Auf besonders schelmische Weise reagierten die Bauern von Weyher gegen die Forderungen des Bischofs von Speyer. In einem Dokument aus der Zeit um 1470 heißt es: »Sofern er den Bannwein gen Weyher legen sollte, so soll man das Fass unter die Linde bringen und soll ihm den Boden ausschlagen, und läuft dann der Wein den Berg hinauf, so soll ihn die Gemeinde bezahlen, läuft er aber den Berg hinab, so soll mein gnädiger Herr von Speyer ihn verloren haben.« Wie der Bischof darauf geantwortet hat, ist nicht überliefert.

Der Wein spielte auch bei Hochzeitsfestlichkeiten eine wichtige Rolle. In Nußdorf war es üblich, am dritten Hochzeitstag Leberknödel mit Sauerkraut zu servieren. Als Zeichen von Wohlstand und Besitztum pflanzten die reicheren Bauern eine Mistgabel vor die Tür. An ihr hing eine Flasche Wein, und auf ihre vier Zinken steckte man frische Leberknödel.

Bei den Ärmeren verlief die Hochzeit etwas karger. Statt Kuchen, Braten und Wein konnte nur Käsebrot mit Bier gereicht werden. Im Dorf spöttelte man dann über die »Käsebrothochzeit«. Doch der arme Bräutigam erwiderte: »Besser trocken Brot in Liebe als Braten in Gleichgültigkeit!«

Als es 1832 in der Pfalz zu demokratisch gesinnten Aufrufen kam, beteiligte sich auch der Lehrer Johann Otterstätter daran. Er beorderte seine Schüler auf die Kerwe in Bindersbach und schenkte ihnen Wein ein. Da Weingenuss zum Singen animiert, intonierte man nicht nur Schülerlieder, sondern auch solche patriotischen Inhalts. Daraufhin wetterte das Bezirksamt, Otterstätter hätte »Freiheitslieder« mit der Schuljugend abgesungen. Zu dessen Glück konnte der Stadtrat entkräften: »Freyheitslieder sollen übrigens von dieser Gesellschaft keine gesungen worden sein.« Die Ortsschulkommission ging zwar der Sache nach, fand jedoch keinen Anlass zum Eingreifen. Der Weinkonsum war schließlich wichtiger als das Absingen von Liedern.

Die Pfalz ist Deutschlands größtes Rotweingebiet. Fast 40 Prozent der Anbaufläche sind mit roten Sorten bepflanzt.

21

Ramburg
76857 Ramberg
www.ramberg.de

Bürstenbindermuseum
Hauptstraße 20
76857 Ramberg
+49 (0)6345 8220
www.buerstenbindermuseum.de

FRIEDLICHE UND STÜRMISCHE ZEITEN

Ramburg

Die Ramburg überragt das Dernbacher Tal und schottet es nach Norden ab. Wahrscheinlich von den Staufern als Reichsburg im 12. Jahrhundert gegründet, erlitt sie starke Schäden durch den Bauernkrieg 1515, durch Blitzeinschläge und im Dreißigjährigen Krieg. Dann fristete sie nur noch ein Schattendasein als Amtssitz, bis sie im 18. Jahrhundert als Steinbruch diente. Erst im 20. Jahrhundert setzten umfangreiche Restaurierungsarbeiten ein.

Eine Burg hatte stets mehrere Funktionen, also finden wir hier Wohnhäuser, Verteidigungs- und Verwaltungseinrichtungen. Als im 15. Jahrhundert Feuerwaffen die alten Kriegswerkzeuge wie Armbrust, Steinkatapult und Mauerbrecher in ihrer Wirkung überragten, konnten es sich nur die mächtigen Burgherren leisten, wichtige Burgen auszubauen, während andere kaum geschützt als Wohnsitz dienten. Im Gegensatz zum benachbarten Neuscharfeneck wurde die Ramburg nicht zur Artillerieburg ausgebaut. Dennoch musste auch sie als Amtssitz einigermaßen gut verteidigt werden. Ein Feuerwaffeninventar aus dem Jahre 1610 ist überliefert und erlaubt uns einen Einblick in die Verhältnisse. Am besten lässt man sich in der heute ganz friedlichen Burgschenke nieder und versetzt sich in die damalige Zeit zurück.

Dass es auf der Ramburg Kanonen gab, ist nicht nachweisbar. Den Verteidigern standen lediglich Handfeuerwaffen zur Verfügung: zwei »lange Rohre, größer als Doppelhaken« und vier »gemeine Haken«. Das sind Doppelhakenbüchsen, benannt nach einem Haken, mit dem die Büchse in ein Mauerloch oder ein Holzgerüst eingehängt wurde, weil sie aus freier Hand nicht bedient werden konnten und der Rückschlag zu heftig war. Die Bleikugeln wogen knapp 60 Gramm bei einem Kaliber von zwei Zentimetern. Gezündet wurden sie mittels einer Lunte, die das Zündkraut auf der Pfanne entflammte, wodurch die Treibladung explodierte. Die Sprichworte »etwas auf der Pfanne haben« oder »Lunte riechen« sind davon abgeleitet. Schön, dass die Bedeutungen heute friedfertiger geworden sind.

Das Bürstenbindermuseum bietet einen lebendigen Einblick in das harte Leben der Menschen, als Ramberg einst zu den ärmsten Gemeinden der Pfalz zählte.

22

Burgruine Neuscharfeneck
76835 Ramberg
+49 (0)6341 939527
www.neuscharfeneck.de
Starpunkt Wanderung:
Parplatz *Drei Buchen*

Landauer Hütte
76833 Flemlingen
+49 (0)6345 3797
www.pwv-landau.de/
landauer-huette

VOM LEBEN IM MITTELALTER

Burgruine Neuscharfeneck

Oberhalb von Dernbach beherrscht die Burg Neuscharfeneck das Tal. Um 1232 entstanden, 1525 im Bauernkrieg erobert, weil den Verteidigern das Schießpulver ausging, seit dem Dreißigjährigen Krieg Ruine. Von der Schildmauer aus bietet sich nicht nur ein herrlicher Ausblick. Da sich die Burgordnung von 1577 erhalten hat – ein seltenes Zeitdokument in der Pfalz – kann man sich mit ein wenig Fantasie in das Burgleben hineinversetzen:

»Ordnung und befelch, so wirr wollen, das auff unserm haus Scharpffenck und haushaltung jeder zeit, von jederm unserm diener bey straff peenn leibs undt unserer ungnadt gehalten werden solle« – so begann die Hausordnung. An erster Stelle stand die Pflicht, den Gottesdienst zu besuchen, sowie Fluchen und Gotteslästern zu unterlassen. Eine eigene Kapelle gab es auf der Burg wahrscheinlich nicht, so mussten das Gesinde und die Söldner den 40-minütigen Weg nach Dernbach auf sich nehmen. Nur für das geistige Wohl der Herrschaft kam der Pfarrer hinauf und hielt wohl im Palas den Gottesdienst ab. Der zweite Punkt regelt den Hausfrieden, denn bei den Knechten kam es immer wieder zu Schlägereien. Bei einem »nassen Händel«, also bei Blutvergießen, drohten Leibstrafen bis hin zur Enthauptung. Ein weiterer Punkt schützte das weibliche Gesinde vor Übergriffen des männlichen. Bei »höchster leibstraff« wurde verboten, eine Frau mit Worten, Possen oder Tätlichkeiten zu beleidigen. Söldnern und dem Stallgesinde wurde Mäßigkeit anbefohlen, man sollte sich beim Trinken nicht »mit Wein überladen«. Die »reysigen knechte«, also die angeworbenen Söldner, mussten unter »eyd« dem Burgherren Treue halten. Wenn die Stalljungen die Ställe nicht ordentlich ausmisteten, drohte ihnen körperliche Züchtigung. Bei den Mahlzeiten durfte niemand »zum Tisch laufen wie die Sau zum Trog«, und das Gesinde sollte sich zeitig ins Bett begeben, damit »wir und andere Leute Ruhe vor ihnen haben mögen und das Licht nicht unnötig verbrannt wird«.

Von der Burg aus sind es nur wenige Schritte zur *Landauer Hütte,* wo man sich unter schattigen Bäumen sitzend bei Wein und Brotzeit stärken kann.

23

Dernbacher Haus
Am Waldrand
Hauptstraße 1000
76857 Dernbach
+49 (0)6345959 68 68
www.schneider-dernbach-tal.de/dernbacher-haus/

Kirche Dernbach
Kirchstraße 29–37
76857 Dernbach
www.dernbach-pfalz.de

VON DER SCHÖNHEIT DER NATUR

Waldgaststätte Dernbacher Haus

Friedlich liegt der verträumte Ort Dernbach unten im Tal, das besonders im Frühling zur Kirschblüte in frischen Farben strahlt und die Touristen anzieht. Beliebte Wanderrouten führen hier durch die Wälder, beispielsweise der Weg hoch zur *Landauer Hütte*, der direkt am *Dernbacher Haus* vorbeigeht. »In de Palz gebt's kee schlechtes Wetter, nur Leit vunn anerschwo, die fer se Wannere schlechtie Kleedung trache!«, lautet die Devise des Wirts. Wanderer sitzen gerne hier oben, lassen sich von der guten Hausmannskost verwöhnen und genießen den Blick über das Tal bis hin zur Annweiler Burgengruppe. Man kann aber auch mit dem Auto bis fast vor die Tür fahren. Gleich hinterm Ortsausgang führt ein Wirtschaftsweg hinauf. Seit einigen Jahren ist Dernbach staatlich anerkannter Erholungsort.

Doch wenn man heute entspannt auf der Terrasse des Lokals sitzt, sollte man nicht vergessen, dass diese Region einst auch sehr schwere Zeiten erleben musste. In einer Bittschrift aus dem Jahre 1751 heißt es: »Die Gemarkung dieses Ortes besteht aus lauter Hügeln und Bergen und sind nach der Specifikation ohngefähr 160 Morgen schäzbarer Stücke vorhanden, … so alle auf Bergen und Ritschen gelegen, ohne dass man sie durch den Pflug bauen, sondern durchgehend mit Haken herum machen muss … Keiner von diesen kann so viel Frucht machen, als er zu seinem Haus-Gebrauch jährlich nöthig hat.« Um die für Vieh oder Wagen unzugänglichen Berghänge zu bewirtschaften, musste sich der Bauer mit der »Rückketze« abmühen, einem speziellen Transportgerät, das er sich auf den Rücken schnallte. Aber gerade diese Rückketze half später manchem Talbewohner zu bescheidenem Wohlstand. Er füllte sie mit selbstgefertigten Besen und Bürsten und wanderte mit seinem »Rückenladen« durch die Lande bis hin nach Nordamerika, wo man die Produkte in gutes Geld umsetzte. Heute sieht man die Rückketze im Ramberger Museum, das gute Geld kommt von alleine ins Tal. Durch die Touristen.

In der Dernbacher Kirche befinden sich sehenswerte Wandmalereien aus der ersten Hälfte des 14. Jahrhunderts.

24

Zisterzienserkirche Eußerthal
Kirchstraße 16
76857 Eußerthal
www.eusserthal.de

Birkenthaler Hof
Taubensuhlstraße 2
76857 Eußerthal
+49 (0)6345 1441
www.birkenthalerhof.de

EIN ORT DER STILLE

Zisterzienserkirche

Der kleine Ort Eußerthal liegt abseits der großen Durchgangsrouten, ist aber unter Wanderern und Pilgern durchaus bekannt. Von hier aus starten viele Wanderwege durch den romantischen Staatsforst Landau. Hier beginnt der 12 Kilometer lange Mönchsweg nach Annweiler. Und hier steht am Dorfrand eine der eindrucksvollsten Kirchen der Pfalz. Ihre Schönheit liegt in ihrem schlichten Auftreten, umgeben von der Stille der Wälder.

Nur wenig erinnert daran, dass dieses Gotteshaus im 12. Jahrhundert Zentrum eines Zisterzienserklosters war. 1148 durch Ritter Stephan von Mörlheim gegründet, später von Kaiser Barbarossa unter Reichsschutz gestellt, entwickelte es sich zu einer reichen Abtei. Die Mönche betreuten als Kaplane die Reichsfeste Trifels – und damit auch die Reichskleinodien. Sie lebten nach den Grundsätzen des heiligen Benedikt in einem Komplex, der den Regeln der Zisterzienser entsprach: abgelegene Lage in einem Tal, weder Türme, figürlicher Schmuck noch bunte Glasfenster.

Im 15. Jahrhundert weckte der Reichtum des Klosters Begehrlichkeiten. Fürstenfehden, Brandschatzungen und Plünderungen verwüsteten das Kloster mehrfach. Der Bauernkrieg 1525 besiegelte endgültig sein Schicksal. Der Nußdorfer Haufen aus dem naheliegenden Landau raubte das Kloster aus und zündete es an. Die anschließenden Restitutionsversuche scheiterten. Die Gebäude zerfielen, unter der französischen Herrschaft wurde der Großteil abgerissen.

Der übriggebliebene Teil, um 1900 renoviert und ergänzt, birgt in seiner heutigen Form eine Reihe wertvoller Kulturschätze. Doch sie müssen entdeckt werden, wie das romanische Relief eines Drachen in der nördlichen Querhauskapelle. Oder der Gedenkstein, dessen Inschrift aus dem 16. Jahrhundert an die Klostergründung erinnert. Oder die Rokoko-Marienfigur, die in ihrer schlichten, strahlend weißen, von dezenten Goldrändern geschmückten Schönheit die leidvolle Geschichte des Klosters beinahe vergessen lässt.

Das Gasthaus *Birkenthaler Hof* am nördlichen Ortsausgang lädt nicht nur zur gemütlichen Einkehr ein, sondern ist auch idealer Ausgangspunkt für eine Wanderung rund um den Schweinswoog.

25

Müllers Lust
Ortsstraße 12
76848 Hofstätten
+49 (0)6397 993188
www.muellerslust.de

Luitpoldturm
66978 Merzalben
www.luitpoldturm.de

IM HERZEN DES PFÄLZERWALD

Landgasthof *Müllers Lust*

Der Ort Hofstätten liegt weitab vom hektischen Durchgangsverkehr mitten im sogenannten Annweiler Stadtwald, einem Teil des Naturparks Pfälzerwald. Dennoch gilt er als eines der beliebtesten Ziele für Wanderer, liegt er doch an einem Knotenpunkt der schönsten Wanderwege. Auch Mountainbiker fühlen sich hier wie zu Hause. Eine Route des Mountainbikeparks Pfälzerwald führt mitten durch den Ort.

Und noch eine Gruppe Freizeitsportler zieht es nach Hofstätten: die Motorradfahrer. Mitten im Ort, gleich neben der Kirche, in dem denkmalgeschützten Gebäude der ehemaligen Försterei hat das Ehepaar Marion und Dieter Müller für sie ein Paradies geschaffen: *Müllers Lust*. Dieter Müller ist »Biker und Gastwirt aus Leidenschaft«, wie er seinen Gästen erzählt. »Biker willkommen« steht über dem Eingang. Im gemütlichen Biergarten sitzt eine Gruppe davon, die Rüstung der Sonne wegen lässig geöffnet. Sie finden hier nicht nur eine preiswerte regionale Küche, sondern auch modern eingerichtetes Logis. Alles bikergerecht. Sogar der Schwamm zum Reinigen des Visiers liegt griffbereit neben dem Waschbecken. Ganz nebenbei hilft Dieter bei Reparaturen der Feuersessel.

Ein Platz zum Genießen. Aber auch zur Besinnung, denn der umliegende Wald mit den vielen Kurven hat Geschichte. Bei der ehemaligen sogenannten Frankenweide deutet der Begriff darauf hin, dass das Gebiet früher nicht so dicht bewaldet war wie heute. Sie kam 1304 durch eine Schenkung von Kaiser Albrecht I. in den Besitz der Reichsstadt Annweiler, vorher stand sie unter der Obhut der Falkenburg, die heute noch als Ruine nahe der Ortschaft Wilgartswiesen erwandert werden kann. Später bemächtigte sich der Herzog von Zweibrücken des Waldes. Doch als der Herzog von den Franzosen bedrängt wurde, nutzte man dessen Notlage aus und kaufte sich den wertvollen Wald zurück. Weil aber die Stadtkasse Annweilers nicht ausreichte, erklärten sich 61 Bürger bereit, die erforderliche Summe vorzuschießen. Seitdem spricht man mit berechtigtem Stolz vom »Annweiler Bürgerwald«.

Ganz in der Nähe befindet sich der Luitpoldturm mit seinem atemberaubenden Blick auf über 300 Gipfel. Für Motorisierte leicht zu erreichen, für Wanderer eine gute Stunde entfernt.

26

Burgruine Gräfenstein
66978 Merzalben
Burgführung: 06331 63959
www.wanderparadies-wasgau.de
www.merzalben.de

Burg der Stauferzeit

Burg Gräfenstein

Die Burg Gräfenstein, auch Merzalber Schloss genannt, hat der ganzen Gegend den Namen gegeben: das Gräfensteiner Land. Es liegt im Südwesten des Pfälzerwaldes und ist ein Paradies für Wanderer und Kletterer, die sich hier an einem der vielen, teils bizarr in den Himmel ragenden Buntsandsteinfelsen üben können. Der Gräfenstein überragt ein weites Tal, und für viele gilt die Burg als die im Umkreis besterhaltene.

Die ältesten Bauteile weisen auf eine Entstehungszeit vor 1200 hin. Die erste schriftliche Erwähnung stammt aus einem für die gesamte Pfalz wichtigen Vertrag von 1237, der die Erbteilung unter den Grafen Friedrich III. und Emich IV. von Leiningen regelte. Während letzterer unter anderem die Burgen Landeck und Madenburg erhielt, sowie die Stadt Landau gründete, übernahm sein Bruder Friedrich unter anderem den Gräfenstein und errichtete um 1240 die Burg Neuleiningen bei Bad Dürkheim. Doch Gräfenstein übte nie die Funktion einer Ritterburg aus. Friedrich hatte kein Interesse, dort zu residieren. Seine Burg wurde ausschließlich von einem Amtsmann verwaltet, und bald verlor sich ihre Geschichte in einem Strudel von Eigentümerwechseln. Im Bauernkrieg durch den Elsässer Haufen zerstört, erneut aufgebaut und schließlich während des Dreißigjährigen Krieges 1635 »durch Ohnvorsichtigkeit der Kayserlichen Partheyen, welche darin Posto gefasst, in Brand gerathen und völlig eingeäschert«, diente die Ruine teilweise als Steinbruch.

Doch im Jahre 1782 besann man sich einer alten Kellerei-Rechnung, nach der das herzogliche Silber in einem Gewölbe aufbewahrt wurde, 17 silberne Becher, davon zwei vergoldet, und zwölf weiße Hofbecher. Eine fieberhafte Schatzsuche brach aus, gefunden wurden allerdings nur Eisen- und Zinngegenstände. Heute präsentiert sich die Ruine als weitläufige, gut restaurierte Anlage. Für Kinder ein idealer Platz zum Ritterspiel und zur Schatzsuche. Aber bitte nehmen Sie nur das Vesperbrot mit und lassen Spaten und Spitzhacke zu Hause.

Neben dem alljährlichen Burgfest sollten Sie die romantische Burgführung mit »Katharina von Leiningen« nicht verpassen.

27

Forsthaus Annweiler am Trifels – Schwarzer Fuchs
Forsthaus Annweiler 1
76855 Annweiler am Trifels
+49 (0)6346 2424003
www.schwarzer-fuchs.de

Beliebtes Ausflugsziel mitten im Wald

Forsthaus Schwarzer Fuchs

Das Forsthaus Annweiler Schwarzer Fuchs liegt weitab vom hektischen Durchgangsverkehr mitten im Annweiler Stadtwald, einem naturnahen Teil des Pfälzerwaldes. Dennoch gilt es als eines der beliebtesten Ausflugsziele in der Region. Man kann bequem mit dem Auto bis vor die Haustür fahren. Schöner ist es allerdings, den Parkplatz am Abzweig von der B48 anzusteuern und einen erholsamen Spaziergang zum Forsthaus zu unternehmen. Willkommen sind Naturliebhaber jeglichen Alters und Vorlieben.

Den Fußweg entlohnt ein herrlicher Blick in die Natur und natürlich die servierten Pfälzer Spezialitäten. Kinder können sich auf dem Spielplatz oder der weitläufigen Wiese austoben. Worauf haben Sie Lust? Weißer Bohneneintopf, ein vegetarisches Gericht oder doch eine Rindswurst? Oder lockt der Pfälzer Saumagensalat mit Bauernbrot, Pfälzer Leberknödel mit Rieslingsauerkraut, Grüne Soße mit Salzkartoffeln und gekochtem Ei? Regionalität bestimmt auch die Getränkekarte: Die Bohnen für den Kaffee kommen aus einer Rösterei in Wilgartswiesen, und den Schnaps liefert eine Destilliere in Godramstein.

Ob am Ofenfeuer oder auf der Sonnenterasse: Das Forsthaus Annweiler ist ein Platz zum Genießen. Aber auch zur Besinnung, denn der umliegende Wald hat Geschichte. Die ehemalige »Frankenweide« – der Begriff deutet darauf hin, dass das Gebiet früher nicht so dicht bewaldet war wie heute – kam 1304 durch eine Schenkung von Kaiser Albrecht I. in den Besitz der Reichsstadt Annweiler. Vorher stand sie unter der Obhut der Falkenburg, die heute noch als Ruine nahe der Ortschaft Wilgartswiesen erwandert werden kann. Später bemächtigte sich der Herzog von Zweibrücken des Waldes. Doch als der Herzog von den Franzosen bedrängt wurde, nutzte man dessen Notlage aus und kaufte sich den wertvollen Wald zurück – allerdings nicht die Stadt Annweiler selbst. Weil deren Kasse recht leer war, erklärten sich 61 Bürger bereit, die erforderliche Summe vorzustrecken. Seitdem spricht man mit berechtigtem Stolz vom »Annweiler Bürgerwald«.

Ein einfacher, nahezu ebener Weg führt zum Aussichtsturm Kirschfelsen, wo sich ein wunderbarer Rundblick auf den Pfälzerwald eröffnet.

28

Altstadt Annweiler
Rund um die Wassergasse
76855 Annweiler am Trifels
www.annweiler.de/de

Museum unterm Trifels
Am Schipkapass 4
76855 Annweiler am Trifels
+49 (0)6346 9659760
www.annweiler.de/de

EINE PERLE DER PFALZ

Historische Altstadt

Annweilers Name weist auf die Besiedlung durch die Franken um 700 n. Chr. zurück: »Weiler des Anno«. Die erste nachweisliche Erwähnung erfolgte 1176. Im Jahre 1219 verlieh der Staufer Friedrich II. dem Ort die Rechte als Freie Reichsstadt. Das Marktrecht wurde ihr jedoch erst 1480 zugesprochen. Annweilers Bedeutung war eng mit der des Trifels verbunden. Mit dem Niedergang der Staufer verlor auch Annweiler an Ansehen.

Heute genießt der Ort, der von der Burg Trifels überragt wird, ein hohes Ansehen anderer Art. Nach der Verbannung des Durchgangsverkehrs entwickelte er sich zu einer Perle der Pfalz und einem beliebten Ziel für Touristen. Am Eingang in das Biosphärenreservat Pfälzerwald gelegen, bietet er beste Möglichkeiten für ausgedehnte Wanderungen. Der renovierte Stadtkern lädt ein zum romantischen Bummel rund um das malerische Gerberviertel und die Wassergasse. Die Zunft der Gerber spielte im 16. 17. Jahrhundert eine wichtige wirtschaftliche Rolle. Typisch sind ihre Fachwerkhäuser mit den Dachabstufungen, unter denen die Felle zum Trocknen lagerten. Die attraktivsten Fotomotive finden sich am »Schipkapass«, dessen Namensherkunft im Dunkeln liegt.

Gerne sitzt man in einem Café auf dem Rathausplatz mit Blick auf das Keysersche Anwesen, einem schmucken Fachwerkbau aus dem Jahr 1634. Der Brunnen des Annweiler Künstlers Karlheinz Zwick symbolisiert das örtliche Leben: da wird Wasser geschöpft, ein Lohgerber tritt in die Eichenlohe, man sieht einen Stadtwächter und einen Leinenweber.

Wenn Sie Geißböcke am Brunnen beim Prangertshof oder im Geländer vor der Stadtmühle entdecken, so hat das seinen Grund. Sie zeugen vom Spitznamen der Annweiler: Bocksstaller. Als einst der Ort belagert und ausgehungert werden sollte, legten sich die Schneider Annweilers Bockshäute an und tanzten auf den Mauern wild herum. Da rief der feindliche Hauptmann: »Dieses Nest ist ja ein wahrer Bocksstall!«, und zog sich zurück.

Versäumen Sie nicht einen Besuch im *Museum unterm Trifels.* Es bietet einen lebendigen Einblick in die Geschichte dieser faszinierenden Kleinstadt.

29

Burg Trifels
Startpunkt:
Parkplatz am Trifels
Burgstraße 23
76829 Annweiler am Trifels
+49 (0)6346 8470
www.burgenlandschaft-pfalz.de

Trifelsserenaden
Büro für Tourismus
Annweiler am Trifels
Messplatz 1
76855 Annweiler am Trifels
+49 (0)6346 2200
www.trifelsland.de

WER DEN TRIFELS HAT, HAT DAS REICH

Burg Trifels

Im Jahre 1081 erstmals erwähnt, wurde der Trifels 32 Jahre später Reichsburg. In der Zeit der Staufer im 12. 13. Jahrhundert bildete er anderthalb Jahrhunderte den Mittelpunkt des Reiches. Der Sage nach soll König Richard Löwenherz während des dritten Kreuzzuges die Fahne eines Bundesgenossen entehrt haben. Deswegen wurde er bei der Rückreise festgenommen und als Gefangener des Kaisers verschleppt. Sein Getreuer Blondel machte sich auf die Suche und sang vor jeder Burg seines Herren Lied. Auf der Feste Trifels soll ihm Richard aus dem Kerker geantwortet haben. Blondel sammelte eine Schar und befreite den König.

Die Geschichte mit Blondel ist der Welt der Sagen zuzuordnen, die Gefangenschaft des englischen Königs auf der Reichsfeste hingegen historisch belegt, allerdings war sein Kerker recht bequem. Wenn auf einer Burg ein König festgesetzt wurde, so unterstreicht das ihre Bedeutung. Nur ein Kaiser durfte und konnte es – und der Trifels als Reichsburg bot sich an, da er direkt unter seiner Kontrolle stand. Mehr noch, als Aufbewahrungsort der Reichsinsignien war sie Symbol der Kaisermacht schlechthin. Denn wer die Krone auf dem Kopf und das Schwert an der Seite trug, wer Reichsapfel und Zepter in den Händen hielt, hatte politisch das Sagen. Mönche des nahegelegenen Klosters Eußerthal erhielten die Aufgabe, die weltlichen Insignien und die Kleinodien religiösen Charakters, wie die Heilige Lanze und das Reichskreuz, zu betreuen und die Gottesdienste in den beiden Trifelskapellen abzuhalten. Dafür bekamen sie jährlich 10 Gulden, 8 bis 10 Malter Korn und ein Fuder Wein.

Mit dem Niedergang der Staufer nach 1250 verblasste die Bedeutung der Reichsfeste. Ein Blitzeinschlag machte die Burg 1602 unbewohnbar. In der Zeit des Nationalsozialismus wurde sie völlig umgebaut, vor allem der Kaisersaal entspricht der damaligen Ästhetik und Architektur. Die Reichsinsignien befinden sich heute in der Wiener Hofburg. Auf dem Trifels werden Nachbildungen gezeigt.

Ein besonderes Erlebnis ist die Konzertreihe *Trifelsserenaden* im kerzenbeleuchteten Kaisersaal.

UM LANDAU UND IM DAHNER FELSENLAND

einstraße

30

Weingut Siener
Weinstraße 31
76831 Birkweiler
+49 (0)6345 3539
www.weingutsiener.de

Südpfalz Connexion
Mörzheimer Straße 2a
76831 Ilbesheim
+49 (0)6341 939206
www.suedpfalz-
connexion.de

Weine mit Vergangenheit

Weingut Peter Siener in der Südpfalz-Connexion

Als sich im Jahre 1991 fünf Winzer zusammenschlossen, um durch gegenseitigen Erfahrungsaustausch das Niveau ihrer Weine zu heben, ahnte niemand, dass die »fünf Freunde« die Region Südliche Weinstraße für Spitzenweine zugänglich machen würden. Sie hatten Erfolg. Seitdem zählt die Pfalz zu den besten Anbaugebieten. Inzwischen tritt eine neue Generation in ihre Fußstapfen. Ebenfalls fünf Freunde: die Südpfalz-Connexion.

Peter Siener ist einer von ihnen. Sein Credo: »Wir wollen unverwechselbar sein und reduzieren uns deshalb auf das Wesentliche. Wir legen Wert auf Individualität unserer Weine.« Weine mit Bodenhaftung anzubieten, mit Ecken und Kanten, wie er zugesteht, aber mit Persönlichkeit, das ist sein Ziel. Er erreicht das durch bewusste Nutzung der Terroir-Eigenschaften, denn für ihn entsteht Qualität in den Weinbergslagen. Und das sind die besten der Region: Der Birkweiler Kastanienbusch und der Mandelberg liefern je nach Bodenbeschaffenheit beste Voraussetzungen für ausgezeichnete Riesling-, Spätburgunder- und Weißburgunderweine. Peter Siener verbindet geschickt Innovation und Tradition. So experimentiert er gerne mit Weinen, die spontan vergoren werden, also ohne die heute üblichen Reinzuchthefen. Ein heikles Unterfangen, aber eines auf höchstem Niveau. Damit erzielt er für seine Weine noch mehr Kontur.

Die Südpfalz-Connexion experimentiert aber auch in anderer Hinsicht. Das zentrale Projekt ist ein gemeinsam erzeugter Wein, der Gräfenhauser Edelburgunder. Damit versucht sie, eine längst verschollene Tradition wieder auferstehen zu lassen. Zisterziensermönche vom Kloster Eußerthal führten im 14. Jahrhundert die Burgunderrebe in der Pfalz ein und bauten auf einem Weinberg bei Gräfenhausen den berühmten Edelburgunder an. Obwohl er teuer und edel war, verloren sich seine Spuren in der Geschichte. Bis die Südpfalz-Connexion den Weinberg aufkaufte und die Tradition zu neuem Leben erweckte.

Im Weinpavillon nebenan sitzt man entspannt mitten im Weinberg bei einem guten Tropfen und einem leckeren Imbiss.

31

JKI-Institut für Rebenzüchtung/Weinverkauf Geilweilerhof
76833 Siebeldingen
+49 (0)6345 410
www.julius-kuehn.de/zr

Forschung für den Weingenuss

Geilweilerhof

Das Gut mit seinem auffälligen Wohnturm liegt mitten in Weinbergen vor einer der schönsten Kulissen des Pfälzerwalds. Der Blick reicht von der Annakapelle bis zur Madenburg. Zunächst vermutet man hier ein Weingut. Einst, unter dem Besitz des Klosters Eußerthal, war es das auch. 1184 erstmals beurkundet, im Bauernkrieg 1515 verwüstet, ist der *Geilweilerhof* heute Sitz einer Forschungseinrichtung für Rebzüchtung.

Somit ist der *Geilweilerhof* kein übliches Weingut, obwohl der Besucher Weine aus eigenem Anbau probieren und kaufen kann. Das *Julius Kühn-Institut für Rebenzüchtung* ist vielmehr ein wissenschaftlicher Zuträger für den kommerziellen Weinanbau. Man kümmert sich um die Züchtung pilzwiderstandsfähiger Keltertraubensorten, und in der Tat hat man mit der Züchtung der Rebsorte Regent einen ersten großartigen Erfolg in diese Richtung erzielt. Die heute noch weniger bekannten Sorten wie Villaris und Felicia (weiß), sowie Reberger und Calandro (rot) setzen die Erfolgsgeschichte des Hauses fort.

Aber das Institut hat noch ein zweites Standbein. Man sucht nach den Ursprüngen der Rebkultur und dokumentiert das eindrucksvoll mit einem Rebenlehrpfad, auf dem man die Entwicklung von der Wildrebe zur Kulturrebe am Beispiel von über 3.000 Arten nacherleben kann. Entlang einer Mauer wird die genetische Vielfalt der Weintraube demonstriert. Hier findet man zum Beispiel amerikanische und asiatische Wildarten, von deren natürlicher Eigenschaft einer guten Resistenzfähigkeit gegenüber Pilzkrankheiten man lernen kann. Aber auch die Erhaltung von alten Landsorten, die heute aus dem Sortiment der Winzer allgemein verschwunden sind, steht auf dem Programm, um langfristig Generosion, also den Verlust von Biodiversität zu verhindern. Der Lehrpfad wird durch eine Reihe interessanter Schautafeln ergänzt, die über die Geschichte der Rebkultur, die Herkunft und Verbreitung, über Kreuzungszüchtungen, neue Sorten, Rebkrankheiten und vieles mehr informieren.

Die Institutsgebäude sind zwar nicht öffentlich zugänglich, wohl aber werden hochinteressante Führungen durch die Labore und den Rebenlehrpfad angeboten.

32

Wilhelmshof
Wein- und Sektgut
Queichstraße 1
76833 Siebeldingen
+49 (0)6345 919147
www.wilhelmshof.de

EINES DER BESTEN LANDESWEIT

Wein- und Sektgut Wilhelmshof

Wenn man über Spitzensekt redet, denkt man unwillkürlich an die Champagne im Nordosten Frankreichs. Doch wer durch das schöne Sandsteinportal in einer kleinen Seitenstraße Siebeldingens den Wilhelmshof betritt, wird schnell eines Besseren belehrt. Das Weingutsgebäude von 1720 verfügt über einen Keller mit historischem Gewölbe aus dem Jahr 1841, der heute als Sektrüttelkeller genutzt wird, in dem auch Führungen angeboten werden.

Dieser Sekt sei »so gut, dass sich die Franzosen ärgern«, urteilte eine Illustrierte. Zu Recht. Auf der DLG-Liste der zehn besten deutschen Sekterzeuger nimmt der Wilhelmshof seit Jahren Spitzenpositionen ein, ein Verdienst der gesamten Familie Roth: Christa und Herbert, deren Tochter Barbara – die nebenbei bemerkt 2006 zur besten Jungwinzerin Deutschlands gekürt wurde – und ihres Ehemanns Thorsten Ochocki. »Wir machen von der Weinbergspflege bis zum fertigen Wein und Sekt alles selbst«, erklärt die junge Frau. Ihr Mann ergänzt: »Wir investieren viel Zeit in die Handarbeiten im Weinberg, ernten alles von Hand.« Und der Nachwuchs ist bereits mittendrin dabei.

Es begann, als sich Herbert Roth als Önologie-Student in der Champagne für die traditionelle Methode der Sektherstellung begeisterte, für die Champenoise. In Deutschland werden heute nur zwei Prozent gemäß diesem Verfahren hergestellt, bei dem der Sekt ausschließlich in der Flasche vergärt. Die Wilhelmshof-Sekte lagern durchschnittlich 15 bis 18 Monate, die »Patina-Sekte« sogar zwischen 5 und 25 Jahren auf der Hefe.

Der *Wilhelmshof* wurde 2020 für den *Großen Preis des Mittelstandes* durch das rheinland-pfälzische Wirtschaftsministerium nominiert. Allein auf der Liste der Anwärter für diese Auszeichnung zu stehen, kommt einer Annerkennung erster Güte gleich. Eine weitere Bestätigung der ausgezeichneten Qualität aus Siebeldingen.

Kultureller Höhepunkt der Region ist die *Siebeldinger Kunstwoche.* Im Hof und im Keller der Familie Roth dominieren dann Kunst, Musik und Lukullisches.

Südpfalz-Draisinenbahn
Startbahnhof:
Hornbachstraße 11
76879 Bornheim bei Landau
+49 (0)6344 9442670
www.suedpfalz-draisine.de

Bummel durch Lustadt
Parkplatz:
Obere Hauptstraße 210
67363 Lustadt
www.lustadt.de

MIT PEDALKRAFT DURCH DIE RHEINEBENE

Südpfalz-Draisinenbahn

Im Jahre 1817 erfand Karl Drais das einspurige Laufrad, das allein durch Muskelkraft bewegt wurde. Das damals noch pedallose Zweirad gilt als Vorläufer unseres modernen Fahrrads. 1837 wurde in Wien die zweispurige Eisenbahn-Draisine entwickelt, die zunächst den Bahnarbeitern beim Transport diente. Ursprünglich ebenfalls durch Abstoßen mit den Füßen betrieben, setzte sich bald der Antrieb über einen Handhebel durch.

Was damals noch eine harte Knochenarbeit war und ausschließlich der Arbeitswelt diente, hat sich zu einem beliebten Freizeitspaß für die ganze Familie entwickelt. Heute sind die Fahrzeuge bequemer und leichter, und sie lassen sich wie ein Fahrrad bewegen. Die Fahrt geht entlang der Strecke der ehemaligen Unteren Queichtalbahn, die 1872 eröffnet und 1984 stillgelegt wurde. Einst verkehrte hier sogar ein Schnellzug von München nach Saarbrücken. Heute bewegen sich auf dem Gleis ausschließlich Draisinen, je nach Bedarf als Vereinsdraisine bis zu sieben Personen oder als Familiendraisine für vier oder fünf Personen. Die Route beginnt in Bornheim bei Landau, schlängelt sich über die Orte Zeiskam, Lustadt und Westheim durch das Rheintal bis hin nach Lingenfeld fast ans Rheinufer. 26 Kilometer sind inklusive Rückfahrt zu bewältigen, doch ist die Anstrengung nicht besonders groß, da es eben zugeht. Allenfalls der Gegenwind kann hinderlich werden. Doch schließlich hat man seine Mithelfer, die dann verstärkt in die Pedale treten müssen.

Man braucht auch nicht den gesamten Weg zurücklegen, sondern kann etwa alle zwei Kilometer an Rastplätzen das Gefährt aus den Gleisen heben – die Nachfolgenden will man ja nicht behindern – und sich in einem der Kioske oder Lokale ausruhen. Am Endpunkt Lingenfeld-Ort sitzt man romantisch in einem originell ausgebauten Eisenbahnwaggon und lässt es sich bei einem Glas Wein gutgehen. Allerdings darf man den Rückweg nicht vor einer festen Zeit antreten, da die Strecke eingleisig ist.

Ein Bummel durch Lustadt, eine der ältesten Siedlungen der Region, lohnt sich, vor allem wenn das *Loschter Handkeesfescht* gefeiert wird.

34

Zoo Landau
Hindenburgstraße 12
76829 Landau in der Pfalz
+49 (0)6341 137010
www.zoo-landau.de

EXOTEN IN DER SÜDPFALZ

Zoo

Die Geschichte des Zoos Landau geht auf das Jahr 1904 zurück, als man die ersten Vogelhäuser eröffnete. Heute gehört er zu den kleineren wissenschaftlich geführten zoologischen Gärten in Deutschland, und dennoch beheimatet er eine vielfältige und bunte Schar von rund 800 Tiere in mehr als 110 überwiegend exotischen Arten.

Im Jahr 2012 wurde der Zoo um ein großzügiges Dromedargehege erweitert, das von der Straße aus einsehbar ist und junge wie ältere Gäste anlockt. Im Warmhaus und den dazugehörigen Außenanlagen leben Schimpansen, Braunkopfklammeraffen, Weißhandgibbons und die sehr selten gehaltenen Weißscheitelmangaben. Für Letztere unterstützt der Zoo ein Projekt zum Schutz des natürlichen Lebensraums der Tiere in Ghana. Eine ebenfalls weitläufige Anlage bewohnen absoluten Besucherlieblinge: die Kattas mit ihren schwarz-weißen Ringelschwänzen. Weiterhin findet man begehbare Freiflugvolieren mit südamerikanischen und afrikanischen Vögel und den Flamingoteich. Es wird viel Wert auf eine naturnahe Haltung gelegt, sodass viele Tierarten in sogenannten Gemeinschaftshaltungen gezeigt werden.

Im Jahr 2016 wurde der Streichelzoo im Stil eines pfälzischen Kleingehöfts der 50er- und 60er-Jahre neu gestaltet. Er beherbergt neben den bis dahin bereits gehaltenen Afrikanischen Zwergziegen und Ouessantschafen nun auch bedrohte alte Haustierrassen wie das Deutsche Großsilber-Kaninchen und den Bergischen Schlotterkamm, eine nur noch sehr seltene Hühnerrasse. Auch eine Gruppe Mini-Schweine und Süddeutsche Schildtauben sind zu sehen.

Für ein gemütliches Zusammensein dienen Tisch- und Bankkombinationen als Picknick- beziehungsweise Erholungsbereich . In unmittelbarer Nähe lädt ein historischer Traktor Kinderzum Klettern ein.

Ein Kinderspielplatz mit Kiosk und das Zoorestaurant, von dessen Veranda man einen wunderschönen Blick auf die Flamingos genießen kann, runden das Angebot ab.

35

Frank-Loebsches Haus
Kaufhausgasse 9
76829 Landau in der Pfalz
Führungen:
06341 138301
Weinstube Zur Blum:
+49 (0)6341 897641
www.landau.de

Galerie Z
Kaufhausgasse 9
76829 Landau in der Pfalz
+49 (0)6341 86494
www.galerie-z.com

IN EINEM DER ÄLTESTEN GEBÄUDE

Frank-Loebsches-Haus

Schön sitzt es sich im Hof der *Weinstube Zur Blum* mitten im ältesten Gassenviertel Landaus, gleich hinter dem ebenso sehenswerten Alten Kaufhaus mit seiner frühgotischen Fassade in Richtung Marktplatz. Der von einem Renaissance-Treppenturm, von Sandsteinportalen, Fachwerk und schmucken Holzbalkons geprägte *Arkadenhof* lädt ein zu einem geselligen Abend bei Pfälzer Kost und einheimischen Weinen.

Die Geschichte des Hauses lässt sich aufgrund einiger Bauelemente bis ins 15. Jahrhundert zurückverfolgen. In die überlieferte Geschichte tritt es im Jahre 1601 ein, als es als Wirtschaft und Herberge ausgewiesen wird. Fünfzig Jahre später wird ein Ratsmitglied der Stadt Landau als »Wirt zur Blum« genannt. Im 17. und 18. Jahrhundert hatte hier die »reitende und fahrende Post« ihre Station. In der Mitte des 19. Jahrhunderts übernahm ein jüdischer Bankier das Wohnhaus mit den drei Kellern, den drei Ställen und dem Fasslager für 16.000 Gulden. Es blieb im Besitz der Landauer jüdischen Familien Frank und Loeb – daher der Name – bis 1951.

Einer von ihnen, Otto Frank, war der Großvater von Anne Frank, die mit ihrem Tagebuch aus der Zeit der nationalsozialistischen Judenverfolgung weltweit berühmt geworden ist. In dieser leidvollen Epoche, im Herbst 1940, wurden 23 der wenigen noch in Landau lebenden Juden in dieses Haus eingewiesen, bevor man sie wenig später in die Todeslager Auschwitz und Theresienstadt verschleppte. Nach dem Krieg verfiel das Haus zusehends und wäre beinahe abgerissen worden, wenn sich nicht 1980 eine Bürgerinitiative für die Rettung eingesetzt hätte. Das Untergeschoss und den Hof bezog wieder eine Weinstube. Die oberen Räume erinnern an das Leben und das Leiden der Landauer Juden unter den Nazis, unter ihnen die bekannte Schriftstellerin Martha Saalfeld mit ihrem unvergesslichen Roman »Die Judengasse«. Dank einer Spende des letzten Landauer Rabbiners konnte außerdem ein Synagogenraum eingerichtet werden.

Im Erdgeschoss befindet sich die *Galerie Z* von Ursula Zoller und Peter Büchner, in der unter anderem wechselnde Kunstausstellungen zu erleben sind.

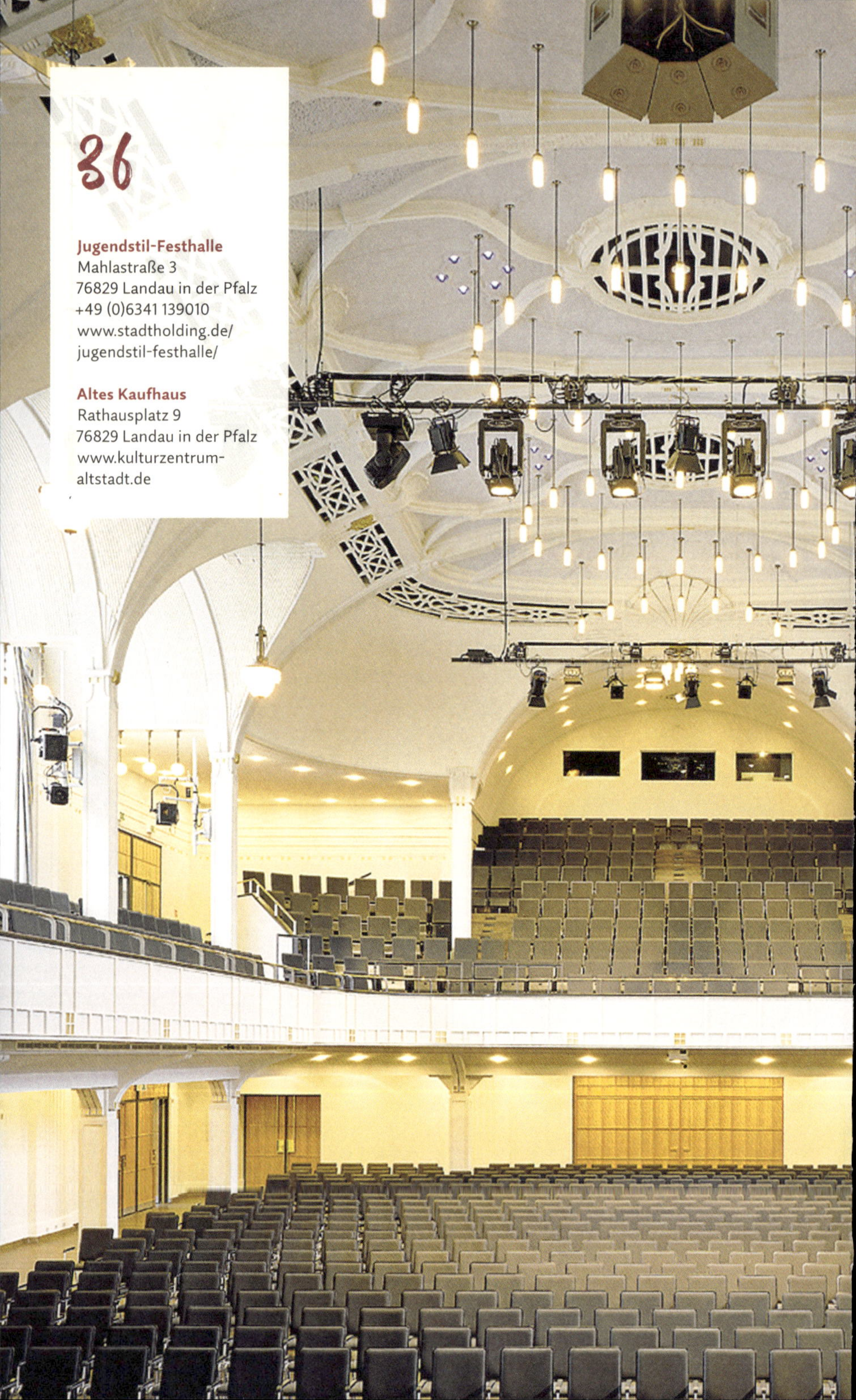

36

Jugendstil-Festhalle
Mahlastraße 3
76829 Landau in der Pfalz
+49 (0)6341 139010
www.stadtholding.de/
jugendstil-festhalle/

Altes Kaufhaus
Rathausplatz 9
76829 Landau in der Pfalz
www.kulturzentrum-
altstadt.de

EIN GROSSARTIGES THEATERERLEBNIS

Jugendstil-Festhalle

Das musikalische Leben im Bereich Südliche Weinstraße ist sehr reichhaltig und differenziert. Man denke nur an die vielen Musiktage, die mancherorts in Verbindung mit Weingütern durchgeführt werden. Oder an die niveauvollen Kirchenmusikkonzerte, an die stimmungsvollen Trifelsserenaden, an die liebevoll gestalteten Aufführungen der Schulen und Musikschulen, an die schöne Tradition der Pfälzer Gesangsvereine.

Wer in der Pfalz Sinfoniekonzerte, großes Theater, eine Lesung mit einem renommierten Schriftsteller, ein spannendes Rockkonzert oder einen internationalen Eventabend genießen möchte, wird nicht an der Jugendstil-Festhalle in Landau vorbeikommen. Im Angebot stehen beispielsweise Konzerte mit der Deutschen Staatsphilharmonie Rheinland-Pfalz, das *KlangWelten-Festival*, das Musical »Johnny Cash – The man in black« oder die Oper »La Traviata«. Aber nicht nur, was die Bühne bietet, ist beeindruckend. Der Große Saal besticht mit seiner reichen Jugendstilornamentik, besonders im Deckengewölbe. Sehenswert ist aber auch der Kleine Saal mit seinen ägyptisierenden Jugendstil-Malereien. Für die Sommermonate bietet sich der Pausenaufenthalt im stimmungsvollen Konzertgarten an.

Das gesamte Gebäude steht unter Denkmalschutz. Es konnte 1907 nach einer großzügigen, damals anonymen Spende des Ziegelfabrikanten August Ludowici errichtet werden. Der Schriftzug im Eingangsbereich lautet: »Der Kunst eine Stätte, der Freude ein Tor, dem Stifter ein Denkmal, so rag ich empor«. Und in der Tat hat das Haus große Zeiten erlebt. Nach dem Zweiten Weltkrieg verschwanden zwar die Jugendstilkostbarkeiten hinter nüchternen Platten, und man griff massiv in die Raumstruktur ein. Fast fünfzig Jahre später gelang es jedoch, durch umfassende Sanierungs- und Umbaumaßnahmen den ursprünglichen Charakter der Halle wiederherzustellen. Die »Traviata« kann jetzt nicht nur von der Bühne her, sondern ganzheitlich über den gesamten Raum erlebt werden. Ein unvergesslicher Opernabend.

Mit dem Alten Kaufhaus am Markt verfügt Landau über eine weitere historische Veranstaltungsstätte, die einen Besuch lohnt.

37

Bio-Weingut Rummel
Geißelgasse 36
76829 Landau in der Pfalz
+49 (0)6341 61972
www.rummel-biowein.de

NEUE REBEN BRAUCHT DAS LAND

Bio-Weingut Rummel in Nußdorf

Wenn man den Hof des Weinguts Rummel betritt, glaubt man, im Garten Eden zu sein. Ein prachtvoller Feigenbaum, dessen Früchte im August reifen und der im September noch eine zweite Ernte bringt, zieht den Blick auf sich. Dazu Granatapfel, Oleander, Mispel und Schmucklilie. Das repräsentative Hausschwein Tersites, ein lebendiges Pfälzer Winzerschwein in Doppelschoppengröße, wie Frau Rummel erklärt, begrüßt den Gast neugierig.

Dass man hier auf so viel Natur trifft, ist kein Wunder. Die Familie Rummel war einer der ersten Weinmacher, die sich auf reinen Öko-Anbau konzentrierten. Klaus Rummel erklärt: »Wir arbeiten ökologisch. So entwickeln wir ein Ökosystem Weinberg mit enormer Vitalität. Diese findet sich in unseren Reben, Trauben und Weinen wieder.« Das gegenüber dem herkömmlichen Weinanbau durchzusetzen, war harte Arbeit. Aber es hat sich gelohnt. 2005 erhielt der Betrieb, der auf eine 400 Jahre alte Tradition zurückblicken kann, den hoch dotierten Förderpreis ökologischer Landbau, eine Ehrung durch das Landwirtschaftsministerium.

Die Weinprobe zeigt es: Die Qualität der Ökoweine steht der von traditionell erzeugten Weinen in nichts nach. Und die ist bei den Rummel-Weinen hervorragend. Bei der Weinprobe stößt man aber auf noch etwas. Auf den Etiketten stehen Rebsorten, die man nicht so ohne weiteres kennt. »Neue Reben braucht das Land«, lautet die Devise des Hauses. Dahinter steckt das Wagnis, zusammen mit einem Team von Fachleuten wie Valentin Blattner, dem Schweizer Rebzüchter, und Volker Freytag, dem Rebveredler aus Neustadt, neue regionalbezogene Rebsorten zu züchten, die pilzwiderstandsfähig sind und damit den Einsatz von Chemie überflüssig machen. In zeit- und arbeitsaufwendigen, sich über Jahrzehnte hinziehenden Versuchen kristallisieren sich PIWIs heraus (abgeleitet von »pilzwiderstandsfähig«), qualitativ hochwertige, ökologisch anbaubare Sorten wie der Cabernet blanc oder der Pinotin. Und sie schmecken nach Natur. Genauso, wie der Hof die Natur widerspiegelt.

Ein Nebenprodukt der Bioweinernte ist ein wahrer Schatz: Das Traubenkernöl für die gesunde Küche und die Schönheit.

38

Bauernkriegshaus
Kirchstraße 66
76829 Landau in der Pfalz
+49 (0)6341 959169
www.bauernkriegshaus-nussdorf.de

LEBENDIGE GESCHICHTE

Bauernkriegshaus in Nußdorf

Mitten in dem kleinen Weinort Nußdorf, einem Stadtteil Landaus und immerhin der größten weinbautreibenden Gemeinde der Pfalz, steht eine Bronzeskulptur, wie man sie in dieser Umgebung eigentlich nicht erwartet. Ein Bauer scheint friedlich auf einem Sockel zu sitzen. Doch dann fällt der Blick auf das Schwert, das aus seinem Rücken herausragt. Der berühmte Dolchstoß in den Rücken? Was hat es mit dem Bauern auf sich?

»Und es begab sich, als in eym Dorf, bey Landaw gelegen, Nußdorff geheissen, am Sontag Quasimodogeniti Kirchweihe gehalten ward und alter Gewonheit nach von den Umbsassen mehrerteils besucht, das etliche leichtfertige Knaben, uff die 200, in einem Gespräch sich zusammen verpflichten, in Maynung, einen aygnen Hauffen aufzurichten, versamleten sich in der Nacht bey dem Monchhove geilweiler uff einem berg.« Am 23. April 1525 taten sich 200 Bauern zum Aufstand gegen die unerträglich gewordenen feudalen Unterdrückungen zusammen, bildeten den sogenannten Nußdorfer Haufen, der mit der Zerstörung des Gutes Geilweiler den Pfälzer Teil des Bauernkriegs einleitete. Ihre Forderungen: Freie Wahl der Pfarrer, Abschaffung des Großen Zehnten und der Leibeigenschaft, freie Jagd, gemäßigte Zinsen und dergleichen mehr. Überall in der Gegend, im Elsass, in Thüringen, am Bodensee und andernorts flammte ein blutiger Krieg auf, der durch Verrat und militärische Übermacht der Herrschenden beendet wurde. Das Nußdorfer Denkmal geht auf den Entwurf einer Bauernsäule von Albrecht Dürer zurück, bei der der erdolchte Bauer den Abschluss bildete.

Wenige Schritte weiter befindet sich das Bauernkriegshaus, in dem die Geschichte Nußdorfs in detaillierter und liebevoller Weise dokumentiert wird. Dazu zählen auch der römische Viergötterstein, den man in einer Eckwand der Kirche verbaute, sowie die Inschriftentafeln an einigen Häusern, die von der Fränkischen Republik 1796 zeugen, einem der ersten demokratischen Gemeinwesen Deutschlands.

Der Weinerlebnispfad mit seinen modernen Skulpturen ist einen Spaziergang wert. Bei gutem Wetter laden hier die örtlichen Winzer zur Weinprobe ein.

39

Kleine Kalmit mit Kapelle
Kalmitweg 1
76829 Landau in der Pfalz

Wanderung zur Kapelle
Startpunkt:
Kirche Ilbesheim
Arzheimer Straße 20
76831 Ilbesheim bei Landau
www.ilbesheim.de
www.safran.info

EIN ORT DER STILLE

Kleine Kalmit bei Ilbesheim

Vor der Bergkette um Annweiler liegt die 270 Meter hohe Kleine Kalmit mit ihrer weithin sichtbaren Kapelle *Zum Trost der armen Seelen.* In heidnischer Zeit galt die Kuppe als Sitz der Wetterdämonen, denn hier entluden sich Gewitter, Regen, Hagel und Schnee, die vom Pfälzerwald herüberkamen. Später errichteten Bauern ein Wetterkreuz, um diese abzuwehren. Seit 1851 existiert eine Kapelle, wenn auch heute in neuer Form.

Doch die Kleine Kalmit ist durchaus kein Schlechtwetterplatz. Von hier hat man einen herrlichen Blick auf die Madenburg und die Waldgipfel. Es ist ein Ort der Stille, abseits des Straßenverkehrs. Allenfalls weht der Klang der Schmalspurschlepper der Weinbauern herüber, die den historischen Weinberg Kalmitwingert bewirtschaften.

Aber es ist auch ein geeigneter Platz, sich die geologische Geschichte der Rheinebene zu vergegenwärtigen. Man sitzt hier gewissermaßen auf einem Vulkan. Genau genommen handelt es sich beim Rheingraben um den Teil eines riesigen Grabenbruchs, der vom Mittelmeer bis nach Norwegen reicht, der Mittelmeer-Mjösen-Zone. Riesige Risse ziehen sich durch die sich ständig in Bewegung befindliche Erdkruste. Zugspannungen in Erdkruste und Erdmantel führten zur Dehnung der Erdkruste, was mit einer Ausdünnung einherging. Die Erdoberfläche sackte im Graben ab, die Ränder wölbten sich unter dem Graben hoch. So entstanden vor etwa 35 Millionen Jahren die beiden Bergketten Vogesen Pfälzerwald und Schwarzwald Odenwald. Bis zu 2,5 Kilometer Tiefe betrug die Verwerfung zwischen den Flanken und dem Grabenboden. Durch Erosion der Kanten und durch Ablagerungen im Graben glichen sich in Jahrmillionen die Unterschiede so aus, wie man die Rheinebene heute kennt. Die Erdbewegungen kommen aber nicht zum Stillstand. Im Schnitt ereignen sich mehrfach pro Jahr leichte Erdbeben der Stärke 3. Alle zehn Jahre werden Erschütterungen mit einer Stärke größer als 5 gemessen, was leichte Gebäudeschäden nach sich ziehen kann.

In diesem Naturschutzgebiet können Sie auf die Suche nach dem legendären Safran gehen, der einst hier angebaut wurde.

40

Bummel Leinsweiler
Ortskern: Kreuzung
Weinstraße/Hauptstraße
76829 Leinsweiler

Büro für Tourismus
Haus des Gastes
Hauptstraße 4
76829 Leinsweiler
+49 (0)6345 3531
www.leinsweiler.de

WO DIE PFALZ AM SCHÖNSTEN IST

Bummel durch den Ort

Mit ein wenig Glück kann es vorkommen, dass man im Tourismusbüro Leinsweiler von einer echten Weinprinzessin beraten wird. Eine Weinprinzessin unterstützt die Weinkönigin bei der Weinwerbung. Tina Weidenbach war eine für die Südliche Weinstraße. Gerne schwärmt sie von Leinsweiler und verrät den Gästen so manchen Geheimtipp.

Stolz erklärt die junge Frau, dass der Ort früher »Landswindawilare« hieß, was so viel bedeutet wie »Weiler der Landswinda«, einer ranghohen fränkischen Adligen aus dem 8. Jahrhundert, also zur Zeit der Frühkarolinger. Die oberhalb des Dorfs gelegene von den Saliern erbaute Burg Neukastel wird urkundlich erstmals 1123 erwähnt. Der auf dem darunter gelegenen Weinberg Neukasteller Kirchholz angebaute Rotwein taucht in einer Urkunde von 1238 auf, womit wohl die älteste Datierung eines deutschen Rotweins samt Lagebezeichnung vorliegt. Als Reichsburg erlebte Neukastel im 13. Jahrhundert durch seine Schutzfunktion für den Trifels die Blütezeit. Der Brunnen im Zentrum des Dorfes, ein Monolithbecken, stammt aus dem Jahr 1581 – ein technisches Meisterwerk seiner Zeit. Nach dem Dreißigjährigen Krieg kamen Burg und Leinsweiler durch Heirat für einige Jahre an die schwedische Krone. Im Pfälzischen Erbfolgekrieg wurde sie 1689 völlig zerstört. Auch mit dem Weinberg ging es bergab, bis er aufgegeben wurde. Erst in neuerer Zeit bemühen sich die örtlichen Winzer erfolgreich um seine Wiederbelebung.

Der über dem Weinberg gelegene Hof diente einst als Meierei der Reichsfeste Trifels. Berühmt wurde er, als der impressionistische Maler Max Slevogt sich 1914 entschloss, das Anwesen zu kaufen. Hier entstanden nicht nur etwa 150 seiner Werke. Er malte auch die Zimmer reichlich aus. Das Musikzimmer schmückte er mit Opernmotiven von Mozart und Wagner. Der Maler verbrachte hier seinen Lebensabend. Als er 1932 verstarb, wurde er auf dem kleinen Familien-Waldfriedhof oberhalb des Hofs beigesetzt. Die Grabstätte ist auch heute noch frei zugänglich.

Lieben Sie Trüffel und Pralinen? Dann besuchen Sie die Patisserie Rebmann in der Weinstraße 13a mitten im Ort (www.trueffelshop.com).

41

Hotel Leinsweiler Hof
Weinstraße
Leinsweiler Hof 1
76829 Leinsweiler
+49 (0)6345 4090
www.leinsweilerhof.de

EINE DER ERSTEN ADRESSEN

Hotel Leinsweiler Hof

Wo man sich im mittleren Bereich der Südlichen Weinstraße auch befindet, fast immer streift der Blick den Sattel bei Leinsweiler, auf dem sich die Gebäudegruppe des *Leinsweiler Hofs* befindet. Und ein erhebender Moment ist es, wenn man durch das Brückentor fährt, das den Hof mit den Weinbergen verbindet. Nördlich grüßt der Slevogthof, südlich öffnet sich die Ebene bis nach Klingenmünster, dominiert von der Madenburg.

Der in der Landschaft herausragende Sandsteinbau wurde 1937 im Zuge der Gründung der Deutschen Weinstraße, die mit dem Weintor in Schweigen beginnt, erbaut. Nach einem wechselvollen Schicksal und verschiedenen Anbaumaßnahmen beherbergt er heute ein Viersternehotel samt Spitzenrestaurant, in dem man mit einem wunderbaren Blick auf die Pfälzer Wein- und Berglandschaft relaxen und sich exklusiv verwöhnen lassen kann.

Der *Leinsweiler Hof* gehört zu den guten Adressen für Gäste, die einerseits die Ruhe, den Komfort, ein Wellnessangebot und den Wein- und Essgenuss lieben, andererseits einen Stützpunkt für Ausflüge in die traumhafte landschaftliche Umgebung suchen. Natürlich gibt es auch Seminarräume für Tagungen und Klausuren mit Tagungs- und Kommunikationstechnik. Doch auch Fortbildungen kommen ohne Entspannung nicht aus. Und gelegentlich geht es hier auch weniger wissenschaftlich zu. Jungvermählte treffen ein, um sich an den sogenannten Schnuppertagen besser kennenzulernen. Die Philosophie des Hauses lautet: »Man muss dem Körper etwas Gutes bieten, damit die Seele Lust hat, darin zu wohnen.« Die einen bevorzugen es, bei einem Cocktail am Rande der Außensauna zu liegen und hinüber zur Madenburg zu blicken, die anderen setzen sich auf die Terrasse und genießen die mediterrane Küche, gepaart mit wechselnden regionalen Spezialitäten, stets frisch zubereitet. Oder man unterzieht sich den angenehmen Wohlfühlmassagen der Physiotherapeuten und geht anschließend hinüber zu den Weinbergen und erobert wandernd die Madenburg.

Erlebenswert: Kulinarische Weinproben mit jahreszeitlichen Gourmet-Menüs und Spitzenweinen der ansässigen Winzer im historischen Sandsteingewölbe.

42

Madenburg
Parkplatz: Löwenthal 100
76831 Eschbach
Schänke: 06345 7110
madenburg-pfalz.de

EINE DER ROMANTISCHSTEN BURGEN

Madenburg mit Schänke

Als einst der Frankenkönig Dagobert traurig durch seine Wälder ritt, ärgerte ihn der fröhliche Gesang der Vögel. Er befahl, ihnen die Zunge auszureißen. Seitdem ward dort keiner mehr gesehen. Die Zungen verwandelten sich in Stein. Das Schöne an dieser Sage ist, dass sie nicht wahr ist – dennoch zwitschern heute hier die Vögel. Aber die Versteinerungen, Eschbacher Vogelzungen genannt, kann man sehen, wenn man zur Madenburg hinaufwandert.

Und die Wanderung ist auch in anderer Hinsicht lohnenswert. Die Madenburg ist in meinen Augen die romantischste aller Burgen entlang der Südlichen Weinstraße. Nicht nur wegen des fantastischen Ausblicks in die Rheinebene oder wegen der gemütlichen Burgschenke, in der ich so manches Mal einen geselligen Bacchus Kabinett getrunken habe. Es sind die Historie und die vielen Details der weitläufigen Anlage, die mich immer wieder aufs Neue faszinieren.

Mit ekligen Maden hat der Name nichts zu tun. Wahrscheinlich ist er eine Abwandlung von Marienburg. Vermutlich im Jahre 1076 erstmals als »Parthenopolis« (griech.: »Jungfrauenstadt«) erwähnt, erlitt sie einen vielfachen Besitzerwechsel und wurde 1525 von aufständischen Bauern in Brand gesetzt. Wenig später im Stil eines Renaissanceschlosses wiederaufgebaut, dessen Überreste heute noch in den beiden Treppentürmen erhalten sind, und nachdem die Burg sogar den Dreißigjährigen Krieg einigermaßen überstand, ging sie im Pfälzischen Erbfolgekrieg 1689 endgültig zugrunde. Erwähnenswert ist noch das Jahr 1843, als es zum sogenannten Eschbacher Rutsch kam, einer Erhebung in Zusammenhang mit den Ereignissen um das Hambacher Schloss. Der 1847 hingerichtete revolutionäre Demokrat und Abgeordnete der Frankfurter Nationalversammlung Robert Blum hielt hier in den Mauern der Ruine eine berühmte Brandrede für Deutschlands Einheit und Freiheit. Daher steht die Madenburg an Bedeutung nichts dem Hambacher Schloss nach. Robert Blum, wieder so ein Vogel, dem die Zunge ausgerissen wurde?

Für besondere festliche Anlässe kann man den stimmungsvollen Saal im *Zeughaus* buchen.

48

Weingut Bruno und Michaela Wind
Weinstraße 3+5
76831 Eschbach
+49 (0)6345 2343 od. 1617
www.weingutwind.de

GESELLIG UND GASTFREUNDLICH

Weingut Wind

Wenn man von Leinsweiler auf der Weinstraße fahrend die Anhöhe beim *Leinsweiler Hof* mit dem markanten Brückenbogen passiert, öffnet sich ein herrlicher Blick bis hin nach Klingenmünster. Rechter Hand thront die massive Ruine der Madenburg, unterhalb derer der romantische Weinort Eschbach mitten in einer ausgedehnten Weinanbaufläche liegt. Ein paradiesischer Anblick, kein Wunder, dass es hier sehr gute Weine gibt.

Gleich am Ortseingang ragt links ein großes, mit stilisierten Reben verziertes Hinweisschild in die Straße: Weingut Wind. Rechts an der Hausfront prangt das Familienwappen, das auf das Jahr 1560 zurückgeht. Das offene, breite Tor führt auf einen geräumigen, geschmackvoll eingerichteten Hof. Tradition und Gastfreundlichkeit werden in diesem Familienbetrieb groß geschrieben.

Frau Wind sr. begrüßt uns und lädt zur Weinprobe in der gemütlichen Probierstube ein. Die erfahrene Winzerin findet schnell unsere Vorlieben heraus. Das Qualitätsweingut hat sich seit mehreren Generationen auf Rotweine wie Cabernet Sauvignon, Merlot und Spätburgunder, sowie auf Riesling und Burgundersorten spezialisiert. Nahezu jeder Wein wurde durch eine Prämierung ausgezeichnet, sei es ein Preis der Landwirtschaftskammer oder der DLG.

Uns gefallen am besten die milden, süffigen Weißweine wie der Riesling Kabinett vom Eschbacher Hasen oder die Scheurebe Kabinett vom Göcklinger Kaiserberg. Leicht, duftig, fruchtig und sehr gesellige Weine, bei denen man nicht nur bei einem Glas stehen bleibt. »Ein Wein soll so gut schmecken, dass man Lust auf ein zweites Glas bekommt«, lautet die Devise von Winzer Bruno Wind. Auf die Frage, warum wir schon so oft und ausgiebig Wind-Wein getrunken haben, ohne am nächsten Tag einen Kater zu spüren, ergänzt seine Frau Michaela: »Weil sie so ausgesprochen sorgfältig ausgebaut wurden.« Stimmt, denn seit über dreißig Jahren trinken wir Wind-Weine und lassen sie uns regelmäßig nach Hause liefern.

Etwas für die besondere Stunde: der nach dem Champagnerverfahren hergestellte Riesling Sekt brut – mit dem Goldenen Kammerpreis prämiert.

44

Nikolauskapelle
Weinstraße 105
76889 Klingenmünster
burglandeck-stiftung.de

Tourismusbüro Klingenmünster
Im Stift 11
76889 Klingenmünster
+49 (0)6349 928092
www.klingenmuenster.org

JAKOBSWEG TRIFFT AUF NIKOLAUSKULT

Nikolauskapelle

Oberhalb von Klingenmünster, gleich links neben der Zufahrt zur Burg Landeck, befindet sich eine Kapelle, die von den meisten Autofahrern übersehen wird. Doch wer sich dorthin begibt und sich sorgfältig umschaut, wird vorm Eingang zur Kapelle eine in Stein gehauene Muschel finden. Wir befinden uns auf einer der Stationen des Pfälzischen Jakobswegs, der von Speyer über das Kloster Hornbach bei Zweibrücken führt.

Es ist der südliche Zweig des Pilgerwegs, dessen Ziel die Kathedrale von Santiago de Compostela in Nordwestspanien ist. Dieser Teil des Wallfahrtwegs ist kein Produkt modernen Tourismusmanagements. Es gibt Hinweise, dass hier bereits vor Jahrhunderten Pilger reisten. Vor wenigen Jahren wurde diese alte Tradition wiederbelebt, und sie erfreut sich regen Zuspruchs.

Die Nikolauskapelle wurde um 1230 als Teil des Magdalenenhofs vom Leininger Grafen Emich IV., dem Herrn von Burg Landeck, errichtet. Einer seiner Vorfahren, Friedrich I. von Leiningen, brachte den Nikolauskult wahrscheinlich anlässlich eines Kreuzzugs aus dem Mittelmeerraum mit. Nikolauskapellen entstanden auch auf Lindelbrunn und der Madenburg. Der wohltätige und Wunder wirkende heilige Nikolaus ist einer der populärsten katholischen Heiligen.

Nach dem Dreißigjährigen Krieg ging die Kapelle in den Besitz des Klosters Klingenmünster über, wurde jedoch später profaniert und diente lange Zeit als Holzschuppen und Viehstall, bis das Gewölbe im Schiff einstürzte. 1924 wurde sie stilgerecht wiederhergestellt, ihr spätromanischer Charakter blieb erhalten. Von den alten Fresken im Chorraum sind noch Spuren zu erkennen: an der Nordseite der heilige Nikolaus als Schutzpatron der Kapelle, ihm gegenüber der Erzengel Michael, der Patron der Stiftskirche zu Klingenmünster.

Ein Ort, wo sich Jakobsweg und Nikolauskult begegnen. Von der Bank vor der Kapelle aus hat man einen wunderschönen Blick in die Weinlandschaft von Klingenmünster bis hinauf zur Burg Landeck.

Die naheliegende Stiftskirche Klingenmünster mit ihrer über 1200-jährigen Geschichte ist als kulturelles Juwel unbedingt einen Besuch wert.

45

Burg Landeck
Parkplatz: Obere Hofwiese
76889 Klingenmünster
+49 (0)6349 8744
www.landeck-burg.de

Burgschänke Landeck
76889 Klingenmünster
+49 (0)6349 8744
www.hotel-restaurant-stiftsgut-keysermuehle.de

EINE FESTE ZUM TRÄUMEN

Burg Landeck mit Schänke

In der Volksüberlieferung tauchen gelegentlich »gute« Herrscher auf wie Barbarossa oder der Alte Fritz. Für die Pfalz ist es der gute König Dagobert, der sich angeblich am liebsten auf Burg Landeck aufhielt. Er war bei seinen Untertanen im 7. Jahrhundert so beliebt, dass diese ihn, als er von Feinden verfolgt wurde, unter einer Dornenhecke versteckten. Als Dank soll er seinen Bauern die Nutzungsrechte an den Wäldern überlassen haben.

Wenn man auf der Landeck inmitten der romantischen Burgkulisse sitzt, mag man gerne vom guten König Dagobert träumen. In Wirklichkeit war der wohl nie hier, die heutige Burg wurde etwa 600 Jahre später gebaut, und an die Dagobertshecke bei Frankweiler erinnert nur noch ein Gedenkstein am südlichen Ortseingang. Fakt ist, dass die Burg Landeck urkundlich erstmalig im Jahr 1237 erwähnt wird. Mauerwerk und Bauform des Bergfrieds weisen auf eine Bauzeit um 1220 hin. Ob die Anlage als Nachfolger der nahe gelegenen Turmburg Schlössel errichtet wurde und ob sie die Funktion hatte, das Kloster Klingenmünster zu schützen, bedarf noch der Klärung. Auch der Zeitpunkt der Zerstörung der Burg Landeck durch französische Truppen ist umstritten. War es 1689 oder bereits 1680?

Viele Legenden und Geheimnisse umgeben die gut erhaltene Burgruine also heute noch. Und es macht Spaß, mit etwas Fantasie das Gelände zu durchstreifen. Schon der Gang über die Brücke flößt Respekt ein. Tief unten im 1416 angelegten Halsgraben oder im die Burg umlaufenden Zwinger lauerten früher blutgierige Hunde auf ungebetene Besucher, die die Anlage betreten wollten, wenn die Zugbrücke hochgezogen war. Auf der um 1500 ausgebauten Barbakane, dem der Schildmauer vorgelagerten Verteidigungswerk, sprechen Kanonen eine klare Sprache. Wer weiß, was alles in der Zisterne auf dem Hof versenkt wurde? Spannend auch die Besteigung des Bergfrieds, dem höchsten der Pfalz. Und in der Burgschänke sorgt der Wein dafür, dass der Fantasie keine Grenzen mehr gesetzt werden.

Die Burg rockt! Warum eine Burg nicht mal bei heißen Beats und kühlen Weinen erleben?

46

Wild- und Wanderpark Südliche Weinstraße
Hauptstraße
76857 Silz
+49 (0)6346 5588
www.wildpark-silz.de

TIERE HAUTNAH ERLEBEN

Wild- und Wanderpark Südliche Weinstraße

Ein Wildpark im Pfälzerwald, wo man doch überall nach Herzenslust frei herumwandern kann? Ja. Erstens werden Sie bei Ihren »freien« Wanderungen nur ganz selten Tiere antreffen, geschweige denn streicheln. Zweitens können Sie die Wege erforschen, ohne sich zu verlaufen. Und drittens können Sie alle Möglichkeiten eines Familientags ausschöpfen: Grillen, Abenteuerspielplatz, Biergarten, Speiselokal.

Auf 100 Hektar breitet sich eine abwechslungsreiche Naturlandschaft aus, die man über verschieden lange Wege durchstreifen kann. 400 Tiere aus 15 europäischen Arten sind hier zu Hause. Gleich hinter dem Eingang befindet sich das Streichelgehege, wo man Ziegen und Kaninchen anfassen und füttern kann. Zu bestimmten Zeiten wird Ponyreiten angeboten. Gegenüber kauern die Wölfe. Das Raubtier war bei uns über ein Jahrhundert lang vollständig ausgerottet. Erst in neuerer Zeit versucht man, frei lebende Wölfe wieder heimisch werden zu lassen.

Etwas weiter trifft man auf Wisente, Pferde und Wildschweine. Das Frettchen, der Polarfuchs, die Uhus und der Steinmarder verfügen über ein eigenes kleines Reich. Im folgenden Freigehege beobachten wir das Damwild, das, wenn es nervös wird, sich auf allen vier Beinen zugleich hüpfend entfernt. Am weitesten entfernt liegt das Gehege für das recht scheue Rotwild. Die männlichen Tiere tragen im Sommer riesige Geweihe. Schließlich entdecken wir das Feld für die Muflons. Es sind die einzigen Wildschafe Europas und gelten als Vorfahren unseres Hausschafs. Die männlichen Tiere erkennt man an den stark gebogenen Hörnern, Schnecke genannt.

Insgesamt also ein ausgezeichneter Überblick über eine Tierwelt, wie sie einst – und teilweise auch heute noch – unsere Wälder prägte und prägt. Daneben findet der Besucher Infotafeln beispielsweise über Pilze oder über das Leben der Bäume. Von einem Aussichtsturm aus genießt man einen letzten Rundblick, bevor man sich in den Biergarten setzt, um sich zu stärken. Oder man nutzt den zünftigen Grillplatz.

Von April bis Ende Oktober besonders interessant: die tägliche Wolfsfütterung.

47

Burgruine Lindelbrunn
Parkplatz Forsthaus
unterhalb der Burg
76889 Vorderweidenthal
www.burgen-rlp.de

Waldgaststätte Cramerhaus
Lindelbrunn 4
76889 Vorderweidenthal
+49 (0)6398 237
www.cramerhaus.de

VON RAUBRITTERN UND SAGEN

Burgruine Lindelbrunn

Lindelbrunn wurde wohl um 1150 zur Überwachung des Gosserweiler Handelsweges errichtet und gehörte zu dem Ring von Burgen, den die Stauferkönige zum Schutze der Reichsfeste Trifels anlegten. Doch durch Erbteilungen, Verpfändungen und Teilverkäufe nahm die Anlage immer häufiger bei Streitigkeiten Schaden und entwickelte sich bald zu einer Raubritterburg. Kein Wunder, dass sie 1525 im Bauernkrieg endgültig zerstört wurde.

Doch ihre Überreste sind heute immer noch so beeindruckend, dass es sich lohnt, sich in die Nische des gotischen Fensters zu setzen und sich an alte Sagen zu erinnern. Einst belagerte der Pfalzgraf die Feste, um die Raubritter zu bestrafen. Sein Knappe Punker von Rohrbach stand mit dem Teufel im Bund und vollbrachte jeden Tag drei tödliche Schüsse mit der Armbrust. Bald war die gesamte Besatzung getötet. Das sprach sich herum. Eines Tages wollte sich ein Edler von dessen Treffsicherheit überzeugen. Der Knappe sollte seinem Sohn eine Münze vom Kopf schießen. Er nahm zwei Pfeile aus dem Köcher und traf mit dem ersten. Auf die Frage nach dem zweiten antwortete er: »Wenn ich, vom Teufel getäuscht, mein Kind getötet hätte, so wäre der zweite Pfeil für Euch bestimmt gewesen.« So hat die Pfalz ihren eigenen Wilhelm Tell.

Eine andere Sage berichtet vom Lindelmütterchen. Nachdem die Burg erbaut war, kam eines Tages eine steinalte Frau den Berg hinauf und stieß einen Lindenzweig neben den Brunnen: »Wachse und falle mit diesem edeln Haus!« Bald wuchs hier eine Linde. Doch dann lebten zwei zerstrittene Brüder auf der Burg, bis der ältere den jüngeren verjagte. Der traf unten im Wald das Mütterchen beim Spinnen. Beide gingen hinauf zur Burg, doch der ältere verfluchte die Frau. Wütend stieß sie ihre Spindel in die Linde, führte den jüngeren ins Tal und wies ihn an: »Hier baue du dich an!« Am gleichen Abend zerstörte ein schreckliches Gewitter die Burg. Unten im Tal aber entstand der Bauernhof, der heute noch existiert.

Am Fuße des Burgbergs nahe des Parkplatzes lädt die Waldgaststätte und Wandererherberge Cramerhaus zur Rast ein.

48

Bio-Gaststhof Bärenbrunnerhof
66996 Schindhard
+49 (0)6391 5744
www.baerenbrunnerhof.de

Outdoor-/Kletterladen Bärenhöhle
Bärenbrunnerhof 1
66996 Schindhard
+49 (0)6391 5868
www.baerenhoehle.biz

SCHEINBAR AM ENDE DER WELT

Bio-Gasthof Bärenbrunner Hof

Im Dahner Felsenland gibt es eine Reihe von Tälern, die nur durch eine einzige Straße erreichbar sind und damit keinen Durchgangsverkehr erlauben. Das Bärenbrunner Tal ist eins der schönsten. Es lädt zu herrlichen Wanderungen entlang der grünen Wiesen und Auen ein. Ziel ist ein Hof, der inmitten eines von Bergen umgebenen Talkessels liegt. Hier und da ragen die typischen Sandsteinfelsen in den Himmel.

Obwohl der Hof recht abseits liegt, hat er doch eine bewegte Geschichte. Im 14. Jahrhundert existierte hier ein Dorf samt Wallfahrtskirche, das zum Kloster Klingenmünster gehörte. Dieses übergab den Besitz an den Grafen von Dürkheim, damit er das Kloster und seine Güter beschütze. 1485, also etwa 100 Jahre später, kam er in die Hand des Ritters Hans von Throta, besser als Hans Trapp von Burg Berwartstein bekannt. Der Dreißigjährige Krieg (1618–1648) setzte dem Dorf so zu, dass es »leutlos« wurde. Nach und nach siedelten wieder Bauern an, aber im Zuge des Pfälzischen Erbfolgekriegs wurde es 1689 erneut zerstört. 1712 kamen die Wiesen und Wälder in den Besitz eines Bergzaberner Bürgers, der den Hof in seiner heutigen Form prägte. Infolge der Französischen Revolution wurde er um 1800 enteignet und versteigert. Nach einigen Besitzerwechseln erwarb 1913 die Familie Guth den Hof, der seitdem in ihrem Besitz steht.

Heute betreiben die Erben eine gemütliche Gastwirtschaft, in der eine kontrolliert biologische, regionale und saisonale Küche angeboten wird. Geschmacksverstärker, Nitritpökelsalz und Konservierungsstoffe sind Fremdworte. Die Fleischprodukte stammen ausschließlich aus dem Bioland-Hof, der sich gleich hinter der Gastwirtschaft befindet. Hier achtet man auf artgerechte Tierhaltung, auf respektvollen Umgang mit den Tieren sowie eine natürliche Weiterverarbeitung. Für die Wander- und Kletterfreunde ist der Outdoorladen nebenan genau richtig. Hier gibt es alles, was man an Ausrüstung im Freien benötigt.

Die Sandsteinfelsen rund um das Tal reizen zum Klettern. Ausrüstung bekommt man im Outdoor-Laden.

49

Paddelweiher
Verlängerung der
Dahner Straße
76846 Hauenstein
+49 (0)6392 994518
www.paddelweiher.de

Deutsches Schuhmuseum
Hauenstein
Turnstraße 5
76846 Hauenstein
+49 (0)6392 9233340
www.museum-hauenstein.
de/schuh_museum

LUST AUF PFÄLZERWALD!

Paddelweiher

Der mitten im Pfälzerwald gelegene Ort Hauenstein gilt samt Umgebung als die »Pfälzische Schweiz«. Vieles spricht dafür: die schönen Wälder, die zum Wandern einladen, die bizarren Sandsteinfelsen, ein Paradies für Kletterkünstler, und die für ihre Gastfreundlichkeit bekannten Ausflugsziele, die besonders bei Kindern beliebt sind. Hauenstein ist nicht nur ein Luftkurort, sondern auch Deutschlands größtes Schuheinkaufsdorf.

Ein ideales Ausflugsziel für die ganze Familie ist der Paddelweiher, der mit dem Auto gut erreichbar im Hauensteiner Queichtal liegt. Von hier aus lassen sich herrliche Wanderungen durch das Herzstück des Pfälzerwaldes unternehmen, oder man holt das Mountainbike vom Fahrradträger und durchstreift die Berge auf dem Sattel. Wer es weniger sportlich liebt, kann bei einem gemächlichen Spaziergang rund um den Weiher oder bis zur nahe gelegenen Queichquelle seine Seele baumeln lassen. Und wer wenig Lust auf Beingymnastik verspürt, setzt sich in den Biergarten der *Paddelweiher-Hütte*, um sich bei einer frischen Forelle, bei Pfälzer Spezialitäten oder bei Kaffee und Kuchen verwöhnen zu lassen. Gemütlich ist's auch im urigen, rund um eine alte Eiche gebauten Gastraum. Die Kinder toben derweil auf dem Erlebnisspielplatz herum. Tretboote, Ruderboote und Kanus verlocken zum Familienvergnügen. Man sollte einen Blick auf den Grund des Sees werfen. Dort wurden, bevor man die Queich zu einem Weiher staute, Reste eines römischen Landwirtschaftsguts entdeckt. Wer weiß, vielleicht verbergen sich dort unten noch Goldmünzen aus dieser Zeit?

Vor etwa 100 Jahren war die Queich ab Wilgartswiesen ein wichtiger Bach für die Holzflößerei. Ein ausgeklügeltes bauliches und verwaltungstechnisches Triftsystem brachte das Gold der Wälder über Annweiler hinunter zu den Sägewerken. Eine mühsame Arbeit für die Holzarbeiter. Wie schön, heute im Biergarten der *Paddelweiher-Hütte* zu sitzen und von der guten alten Zeit zu träumen.

Besuchen Sie auf dem Rückweg das Deutsche Schuhmuseum in Hauenstein. So manch Prominenter hat dort seine Spuren hinterlassen.

50

Erlebnispark Teufelstisch
Im Handschuhteich 31
66999 Hinterweidenthal
+49 (0)6396 993276
www.hinterweidenthal.de/og_hinterweidenthal/Erlebnispark Teufelstisch

Landgasthof Am Teufelstisch
Im Handschuhteich 29
66999 Hinterweidenthal
+49 (0)6396 369
www.am-teufelstisch.de

Kletterer, Kinder und der Beelzebub

Erlebnispark Teufelstisch

Der 14 Meter hohe, durch Verwitterung entstandene Sandsteinfelsen zählt zu den landschaftlichen Wahrzeichen der Pfalz. Auf einem etwa 8 Meter hohen Sockel ruht eine Platte von 50 Quadratmetern und einem Gewicht von über 250 Tonnen. Durch die Überwindung des 3 Meter langen Dachvorsprungs ist der Felsen mit seinem hohen Schwierigkeitsgrad nur für erfahrene Kletterer bezwingbar. Einen ähnlichen Pilzfelsen findet man fünf Kilometer weiter südlich bei Salzwoog.

Doch der Teufelstisch ist nicht nur ein Paradies für Kletterer. Zu seinen Füßen befindet sich ein kostenlos zugänglicher Erlebnispark für die ganze Familie, besonders für Kinder. Im Mittelpunkt steht eine 50 Meter lange Riesenrutsche. Ein Wasserspielplatz lockt zum Herumspritzen. Ein Labyrinth stellt den Orientierungssinn auf die Probe. Auch dürfen Seilbahn, Höhlengang, Barfußpfad und Kleinkinderspielplatz nicht fehlen. Gemütliche Rastplätze laden zum Familienpicknick ein. Alles wurde bewusst barrierefrei aufgebaut, sodass der Erlebnispark auch von Gehbehinderten, Rollstuhlfahrern und Sehbehinderten erlebt werden kann.

Ein kurzer, steiler Wanderpfad führt hinauf zum Teufelstisch. Wer es eher besinnlich haben will, setzt sich unten auf eine Bank und lässt sich eine der vielen Sagen, die sich um den Felsen ranken, durch den Kopf gehen. Eine davon berichtet vom Teufel, der sich, als fahrender Sänger verkleidet, unter eine Gesellschaft von Rittern und Edelfrauen mischte, die unterhalb der Dahner Burgen ein Fest feierten. Ohne zu fragen, begann er mit seinem Leierspiel und sang so schön, dass die Frauen begeistert seinem Lied folgten. Doch die Männer verhöhnten ihn, und als er drohte, sie alle am Spieße braten zu lassen, verlachten sie ihn. Wütend tötete der Teufel einen nach dem anderen, band ihre Seelen an den Sattel seines Pferdes und briet die Herzen am Feuer. Dann riss er zwei Felsen aus dem Berg, türmte sie auf einer Höhe über dem Kaltenbacher Tal zu einem Tisch auf und lud die Damen zum Festmahl ein.

Zu einem Festmahl der anderen Art lädt der Landgasthof *Am Teufelstisch* ein. »Teuflisch gut und einfach himmlisch« lautet hier die Devise.

51

Dahner Burgen
Parkplatz unterhalb des Felsmassivs
66994 Dahn
+49 (0)6391 993543
www.burgenlandschaft-pfalz.de/de/dahner-burgen

Tourist Information
Schulstraße 29
66994 Dahn
+49 (0)6391 919600
www.dahner-felsenland.net

DREI AUF EINEN SCHLAG

Dahner Burgen

Die Burgen Tanstein, Grafendahn und Altdahn erstrecken sich auf einer Kette von fünf mächtigen Sandsteinfelsen in einer Länge von über 200 Metern bei einer durchschnittlichen Breite von über 20 Metern. Damit bildet die Burgengruppe eine der größten Burgenanlagen der Pfalz. In über 300 Metern Höhe bietet sie einen beeindruckenden Rundblick über die Hügel und Wälder des Wasgaus und wirkt auf Kinder wie ein riesiger Ritterspielplatz.

Altdahn beherrscht den östlichen Felsen. 1189 wird ein Heinrich von der Tanne als ihr Besitzer erwähnt. Später kam sie zu den Gütern des Bischofs von Speyer. Ab 1603 war Altdahn nicht mehr bewohnt. Da die Burg an der Angriffsseite des Bergrückens liegt, musste sie durch einen in den Fels geschroteten Graben sowie durch Flankierungstürme und eine Schildmauer gesichert werden. Der anschließende mehrgeschossige Geschützturm faszinierte den Komponisten Felix Mendelssohn-Bartholdy 1844 so, dass er eine Zeichnung anfertigte.

Über Stege und Felsdurchbrüche gelangt man zur Grafendahn. 1287 als Lehen der Bischöfe von Speyer erbaut, diente sie als Ganerbenburg, das heißt, sie konnte von mehreren Familien bewohnt werden. Doch der Besitzerwechsel führte zum Niedergang. Bereits 1543 war sie unbewohnbar. Heute befindet sich hier das Burgmuseum. Der Aufgang zur Oberburg führt über eine steile Leitertreppe. Dicht unter der oberen Plattform liegt ein in den Fels getriebener Wachraum.

Tanstein, die dritte Burg, ging in Zusammenhang mit der Sickingischen Fehde in die Geschichte ein. Franz von Sickingen, von Kaiser Maximilian respektvoll als der »letzte Ritter« bezeichnet, hatte zu Beginn des 16. Jahrhunderts versucht, den im Untergang befindlichen Ritterstand gegen den mächtigen Feudaladel zu behaupten. Sein Scheitern führte dazu, dass nicht nur seine Burgen, sondern auch die seiner Lehnsleute erobert wurden. Tanstein gehörte dazu, wurde aber nicht zerstört, weil man den Bischof von Speyer nicht verärgern wollte. Heute ist von Tanstein nur wenig erhalten.

Wenn Sie den Burgberg ersteigen, sollten Sie Ausschau nach den sagenumwobenen Elwetritschen halten. Sie wären allerdings der erste, der das Geheimnis um die Zaubertiere lüftet.

UM BAD BERGZABERN UND IM SÜDLICHEN WASGAU

52

Burg Drachenfels
Parkplatz am Burgberg
Zufahrtsstraße ab
Weißensteiner Hof
76891 Busenberg

Drachenfelshütte
Pfälzerwaldverein
76891 Busenberg
+49 (0)6391 3877
www.pwv-busenberg.de

DER BACKENZAHN

Burg Drachenfels

Als einst ein Bauer sein Feld unterhalb des Burgbergs pflügte, bemerkte er eine Schlange mit einer goldenen Krone auf dem Kopf. Sie schlängelte sich hinunter zum Weiher, legte die Krone ab und badete. Als der Bauer sich näherte, um der Krone habhaft zu werden, erschrak die Schlange und flüchtete. Aber auch die goldene Krone war verschwunden. Heute meint man, dass der, der die Krone findet, steinreich wird.

Doch die Krone zu finden, muss nicht der einzige Grund sein, um die Ruine Drachenfels zu besuchen. Wegen ihrer in den Himmel ragenden Gestalt nennt man sie auch »Backenzahn«. Wer ihren höchsten Punkt erobern will, sollte schwindelfrei sein. Steile Eisentreppen und ausgetretene, aus dem Sandstein gehauene Stufen zwingen zum aufmerksamen Aufstieg. Aber er lohnt sich, denn es bietet sich eine fantastische Aussicht in die umliegenden Berge des Wasgaus. Die Ursprünge der Burg liegen im Dunkeln. 1219 taucht erstmalig ein Ritter auf, der sich nach der Burg nennt: Burkhart von Drachenfels. Wahrscheinlich wurde sie in der kaiserlosen Zeit nach 1250 als Versuch der Ministerialen, sich den umliegenden Besitz zu sichern, ausgebaut. Nach Streitigkeiten mit dem Pfalzgrafen fiel ein Teil der Burg an diesen. In dem so entstandenen Graben kann man noch heute in der Westwand die archaische Felsritzung mit dem Drachen bewundern. Aus der Tatsache, dass die Balkenlöcher die Zeichnung überschneiden, darf geschlossen werden, dass sie erst im 16. Jahrhundert entstand.

1510 ging ein Teil der Burg an den aufrührerischen Ritter Franz von Sickingen über. Als dieser in seinem Bemühen, den Ritterstand gegen den Hochadel zu behaupten, unterlag, wurde auch der Drachenfels schwer beschädigt. Dennoch zeugen einige Baudetails in Renaissanceformen von einem teilweisen Wiederaufbau. Wahrscheinlich ist die einst stolze Burganlage im 16. Jahrhundert vollends zerstört worden. Doch die Sage um die Schlange mit der Goldkrone lebt weiter.

Am Fuße des Burgbergs lädt die *Drachenfelshütte* des Pfälzerwaldvereins mit über 100 Sitzplätzen jeweils drinnen und draußen sowie einem Kinderspielplatz Jung und Alt zur Einkehr ein.

58

Burg Berwartstein
Burg Berwartstein 1
76891 Erlenbach
+49 (0)6398 210
burgberwartstein.de

DIE LEGENDÄRE RITTERFESTUNG

Burg Berwartstein

Der Berwartstein zählt zu den schönsten Burgen der Pfalz, nicht nur, weil er so prächtig die umliegenden Täler beherrscht, sondern auch, weil er ein Paradebeispiel für eine in den Sandstein gehauene Felsenburg ist. Mit diesem komplizierten Höhlensystem von Gängen, Treppen und Kammern ist er nur noch mit der benachbarten Burg Drachenfels und der Dahner Burgengruppe zu vergleichen.

Burg Berwartstein wird erstmalig im Jahre 1152 als Schenkung des Kaisers Friedrich an einen Speyerer Bischof erwähnt. Im 13. Jahrhundert galten die Burgherren als üble Raubritter, sodass sich die Reichsstädte Straßburg und Hagenau zusammenschlossen und die Burg belagerten. Erst durch Verrat gelang es, die uneinnehmbare Feste zu erobern. Als 1480 der Ritter Hans von Throta, im Volksmund noch heute als Hans Trapp bekannt, die Anlage übernahm, wurde sie so befestigt, dass sie als nicht zu erobern galt. Im Wesentlichen erreichte er das durch den Bau eines Wehrturms, Klein-Frankreich genannt, auf dem gegenüberliegenden Berghang. Man vermutet, dass es eine unterirdische Verbindung gab, sodass die Burgverteidiger etwaige Angreifer von zwei Seiten beschießen konnten. Die Burg wurde nie erobert. Erst ein Blitzschlag verwüstete 1591 große Teile der Anlage. 300 Jahre lang lag sie brach und überstand so die Wirren der Zeit, bis 1893 ein Privatmann sie übernahm und einigermaßen stilgetreu wiederaufbaute.

Heute sitzt man im alten Rittersaal und ruft sich, beflügelt durch einen Schluck Wein, eine der Sagen ins Gedächtnis, die man über die Burg erzählt. Bei dem Blitzschlag soll sich die Burgfrau mit ihrem Kind auf dem Arm auf die Zinne des höchsten Turms geflüchtet haben. Doch als die Flammen auch hierher kamen, sprang sie kurzentschlossen zusammen mit ihrem Kinde in die Tiefe. Zur Geisterstunde soll man noch heute eine weiße Frau mit einem Kind auf dem Arm und einer Kerze in der Hand durch die unterirdischen Gänge irren sehen.

Eine beeindruckende Burgführung: der ursprüngliche Aufstiegskamin, die unterirdischen Anlagen, der 104 Meter tiefe Brunnen und der Blick von der Turmterrasse.

54

Hirzeckhaus
Pfälzerwaldverein
Hirzeckhaus-Parkplatz
76891 Bobenthal
+49 (0)6343 8682
www.pwv-bza.com/
Hirzeckhaus

FAMILIENFREUNDLICH UND EHRENAMTLICH

Hirzeckhaus

Die Pfälzer Hütten gehören zur Pfalz wie der Pfälzer Wein. Zu einer der schönsten gehört das Hirzeckhaus. Fernab von Alltag und Verkehrshektik sitzt man hier inmitten eines ruhigen Waldgebiets und lässt sich von der einfachen, aber soliden Küche und einem Schoppen Wein verwöhnen, tauscht Erfahrungen mit anderen Wanderern aus oder beobachtet die Kinder, die ungebunden in freier Natur herumtollen können.

Die meisten Besucher kommen wandernd vom Berwartstein, von Birkenhördt, von Reisdorf oder von Bobenthal herauf. Doch nur wenige wissen, dass man die Hütte auch anders erreichen kann. Zwischen Birkenhördt und Lauterschwan zweigt links eine schmale Waldstraße mit dem Hinweis »Hirzeckhütte« ab. Der 8 Kilometer lange kurvenreiche Weg führt an der Birkenhördter Linde vorbei, einem idealen Picknickplatz, und führt hin zum Waldparkplatz, von dem es nur 10 Minuten leichten Fußwegs zur *Hirzeckhütte* sind. Das ist besonders für Familien mit kleinen Kindern interessant, denen man eine längere, bergsteigende Wanderung nicht zumuten kann. Ihr Name leitet sich ab von »Hirsch-Eck«. Erbaut wurde sie 1954 vom Pfälzerwald-Verein Bad Bergzabern und wird an Wochenenden und Feiertagen bewirtschaftet.

Es ist an der Zeit, die Leistungen dieses Vereins und der Menschen, die dahinter stecken, zu würdigen. Der Pfälzerwald-Verein besteht seit mehr als 100 Jahren und zählt heute über 30.000 Mitglieder. Unterteilt in 10 Bezirke gibt es 230 selbstständige Ortsgruppen. Diese organisieren nicht nur die Hütten, sondern bieten beispielsweise auch Seminare zum Naturschutz an und betreuen die 12.000 Kilometer markierten Wanderwege. Mitglied kann jeder werden, auch wenn er nicht in der Pfalz wohnt. Die Hauptlast der Arbeit, alles ehrenamtlich, liegt allerdings bei den vor Ort wohnenden Pfälzern. Und das merkt man an der sprichwörtlichen Gastfreundlichkeit, die diesen Menschenschlag auszeichnet. Das *Hirzeckhaus* ist das beste Beispiel dafür.

Ein kleiner Rundweg um den Hirzeck bietet unter anderem einen schönen Blick auf Burg Berwartstein.

55

Burgruine Guttenberg
76889 Oberotterbach
Startpunkt: Wanderparkplatz »Drei Eichen«
via L492
76889 Böllenborn

Westwallmuseum Bad Bergzabern
Kurfürstenstraße 21
76887 Bad Bergzabern
www.otterbachabschnitt.de

IM OBEREN MUNDATWALD

Burgruine Guttenberg

Am Ortseingang von Böllenborn, von Bad Bergzabern kommend, führt eine schmale Straße zum Wanderparkplatz *Drei Eichen.* Wir befinden uns im Oberen Mundatwald unweit der französischen Grenze. Im Mittelalter gehörte das Gebiet zum Weißenburger Benediktinerkloster und war als »Mundat« mit der »kirchlichen Immunität« ausgestattet. Damals verstand man darunter die Befreiung von Personen und Gebieten von Abgaben, Diensten und Lasten.

Doch die Zeiten änderten sich. Infotafeln am Parkplatz führen uns in das wohl dunkelste Kapitel der Südpfälzer Geschichte. Im Jahr 1938 ließ Hitler als Bollwerk gegen die Franzosen den Westwall errichten, der quer durch den Mundatwald verlief. Detailliert berichten die Tafeln vom Leid der Bewohner des Grenzstreifens, von Enteignung und Zwangsvertreibung, von der Militarisierung breiter Bevölkerungsschichten bis hin zur Errichtung eines Sonderlagers für „nicht kooperative Westwall Arbeiter". Heute sind vom Westwall nur noch Bunkerruinen übrig.

Ein Wanderweg führt zum Burgberg. Erbaut wurde die Festung Guttenberg im 12. Jahrhundert, wahrscheinlich als staufische Reichsburg. Etwa 350 Jahre später wurde sie durch einen lothringischen Bauernhaufen zerstört und ist seitdem Ruine. Ihr eindrucksvollster Teil ist die in den Buntsandstein gehauene Rückwand eines Wohnhauses. Zwei Reihen aus Balkenlöchern lassen dessen einstige Dimensionen und Geschosseinteilung erkennen. Eine durchgezogene Vertiefung darüber zeigt an, wo das Pultdach ansetzte.

In der Mitte der Oberburg befindet sich der Rest eines Bergfrieds. Nur die unteren Schichten mit Buckelquadern sind original, der Rest, inklusive Gedenktafel, stammt aus dem Jahr 1993. Von hier oben haben wir einen herrlichen Blick auf den Mundatwald. Wir spüren die zeitlose Schönheit der Natur – und die Vergänglichkeit der dicksten Mauer.

Der Besuch des Westwallmuseums im nahen Bad Bergzabern bietet einen hautnahen Einblick in die jüngere Geschichte

56

Landgasthaus Jägerhof
Hauptstraße 40
76889 Birkenhördt
+49 (0)6343 1575
www.jaegerhofbirkenho-
erdt.de

Autorin Gina Greifenstein
www.gina-greifenstein.de

MIT WEIN- UND GENUSSBIBLIOTHEK

Landgasthof Jägerhof

»Sie fuhren durch Oberhausen, an Kapellen vorbei, alles Orte, die kaum größer waren als Barbelroth. Als Nächstes kam Bad Bergzabern. ›Mann, das ist ja im Vergleich eine richtige Großstadt!‹, lästerte Pit. ›Wohin entführst du mich eigentlich?‹ ›Nach Birkenhördt.‹ ›Klingt nach Feld, Wald und Wiese. Bist du sicher, dass man da essen kann und nicht gegessen wird?‹ ›Dass es in der Pfalz Elwetritsche gibt, weiß ich, aber von Kannibalen habe ich noch nie was gehört.‹«

Wer hier einkehrt, wird nicht nur lukullisch verwöhnt, sondern mit etwas Glück auch von einer echten Schriftstellerin bedient. Gina Greifenstein präsentiert Ihnen neben der Speisekarte gern auch einen ihrer Romane.

»Ein Mann in Kochkleidung gesellte sich zu ihnen, und auch er begutachtete Pit eingehend. Anne schlug die Karte auf. ›Das sind übrigens Dagmar und Bernd, meine Freunde und Chefs‹, stellte sie nebenbei vor. ›Chefs?‹, fragte Pit verdutzt. ›Ich hab früher hier fest gearbeitet, jetzt nur noch ab und zu.‹ Bernd, der Koch, lachte ein sympathisches Lachen. ›Und sie führt uns immer ihre Kandidaten zur Prüfung vor.‹ ›Aber bis jetzt hat noch keiner bestanden‹, bemerkte die Wirtin.«

Das gemütliche Gasthaus, dessen Chronik in das Jahr 1771 zurückreicht, steht seit 1989 unter der Leitung der Familie Mössinger. Heute sorgen Dagmar und Bernd für das Wohlbefinden ihrer Gäste. »Die erste Vorspeise kam: Riesengarnelen in scharfer Gemüsesoße. Auf jedem Teller lag eine leuchtend rote, gefährlich wirkende Peperoni als Dekoration. Anne schnappte sich eine Scheibe Weißbrot und tunkte die Soße damit auf. ›Hm‹, stöhnte sie, ›da könnte ich mich glatt reinlegen!‹«

Der Gast kann zwischen à la carte und Menüangeboten wählen. Dazu werden Weine aus der näheren Region gereicht. »Als dann das Lammfilet kam, war es Pit, der vor Wonne stöhnte. ›Mann, ist das köstlich – ab sofort darfst immer du bestellen!‹«

Nach dem Menü geht es auf Elwetritschen-Suche. Die sagenumwobenen Fabelwesen findet man aber nur nach genügend Weingenuss oder nach einer fantasievollen Lektüre.

MYTHEN UND FABELN DER REGION

Von Elwetritschen und Eseln …

Woher die Pfalz ihren Namen hat, darüber gibt es im Volksmund verschiedene Sagen. Eine berichtet, der Teufel habe Jesus ins Abendland geführt, um ihm dort, wo heute das Hambacher Schloss thront, die verlockenden Naturschätze der Rheinebene zu zeigen. Wie ein Paradies soll das fruchtbare, von Rebhügeln umkränzte Land vor ihnen gelegen haben. »All dies will ich dir schenken, wenn du vor mir niederfällst und mich anbetest«, sprach der Teufel. Doch Jesus, obwohl er von der Schönheit der Landschaft zutiefst beeindruckt war, besann sich seiner göttlichen Sendung und antwortete schlicht: »B'halts!« Ein Bauer, der zufällig des Wegs kam, meinte »Pfalz« gehört zu haben, und benannte sein Land danach.

Von der Irrfahrt eines Marienbildes …

… können die Leute von Ranschbach erzählen. Am westlichen Ortsausgang, am Kaltenbrunn, stand einst in einer Kapelle, die der Gottesmutter geweiht war, ein Marienbild. Das Kirchlein zerfiel in den Wirren des Bauernkriegs, doch als nach dem Dreißigjährigen Krieg ein Schweinehirt vom benachbarten Leinsweiler dort seine Herde weiden ließ, wühlten diese aus dem Boden das Marienbild wieder hervor. Der Schweinewirt nahm es mit und stellte es in der Leinsweiler Kirche auf. Doch am nächsten Morgen war es verschwunden. Bald stellte sich heraus, dass es sich in der Ranschbacher Kirche befand. Die Leinsweiler ließen sich das nicht bieten und holten sich das Bild zurück. Doch wieder war es am nächsten Tage verschwunden. Das wiederholte sich, und beim dritten Mal begann das Bild zu reden und bat darum, in Ranschbach zu bleiben. Die Leinsweiler respektierten den Wunsch, denn sie wollten mit ihren Nachbarn in Frieden leben.

Die Ratsherren von Annweiler …

… sind wegen ihrer Samtärmel in die Welt der Geschichten eingegangen. Und das kam so. In alten Zeiten, als Annweiler noch reich war, konnte man es sich leisten, dass alle Ratsmitglieder lange Samtmäntel trugen. Doch als die Einkünfte der Stadt zurückgingen und kein Geld mehr übrig war, die inzwischen fadenscheinigen Mäntel zu ersetzen, beschloss der Rat heimlich, nur noch einen einzigen Samttalar anfertigen zu lassen. Den musste der Reihe nach jedes Ratsmitglied während einer Sitzung anziehen und sich damit vors offene Fenster setzen, damit die Bürger glauben sollten, der gesamte Rat könne sich den Luxus noch leisten. Doch auch dieser war bald so abgetragen, dass nur noch ein Samtärmel übrig blieb. Den musste nun jeder Magister abwechselnd überstreifen und den Arm aus dem Fenster halten. So glaubten die Bürger, dass es ihrer Stadt auch in schlechten Zeiten gut ginge.

Auf den Spuren der Elwetritsche …

… kann man im Dahner Felsenland wandern. Dieser mythenumwobene Sagenvogel wurde schon von den Urpfälzern als Haustier gehalten, weil er deren Charaktereigenschaften wie Liebreiz, Schüchternheit, Schamhaftigkeit, Zurückhaltung und Freundlichkeit widerspiegelt. Doch infolge der vielen politischen Wirren, der sprunghaft gestiegenen Industrialisierung und der Profitgier von Spitzengastronomen, die den Touristen schmackhafte Elwetritsche-Gerichte anboten, starb die seltene Spezies fast aus. Nur wenige Exemplare der großfüßigen Wasgau-Tritsche (»in pino palatina saxo montana tritsche bisex«) sollen in den Wäldern rund um Dahn ums Überleben kämpfen. Wenn Ihnen eines der Tiere über den Weg läuft, dürfen Sie es nicht abschießen. Besser, Sie informieren die Dahner Fachhochschule für Tritschologie. Weiteres finden Sie auf dem Elwetritsche-Lehrpfad, der im Dahner Kurpark seinen Ausgangspunkt hat.

Die Esel von Eschbach …

… sind nicht zu übersehen. Fast 30 Kunstesel schmücken den Ort. Sie verweisen darauf, dass die Eschbacher im Volksmund den Spitznamen Esel tragen. Vermutlich geht dies auf die Herren der Madenburg zurück, die im 15. Jahrhundert einer Ritter- und Turniergesellschaft »derer mit dem Esel« angehörten. Das Tier war ihr Erkennungszeichen. Es schmückte ihre Kleider, und man trug es an einer silbernen Halskette. Die Eschbacher Bürger als Untertanen der Madenburg nannte man daraufhin die »Eselsritter« …

Fabelwesen auf dem Torbogen der Burrweiler Winzergaststätte *Grafen von der Leyen* aus dem Jahr 1587

57

Muskateller-Wanderweg
Startpunkt:
St. Dionysiuskapelle
Dionysiusstraße 9
76889 Gleiszellen-Gleishorbach
www.gleiszellen-gleishorbach.de

Gasthof & Hotel Zum Lam
Winzergasse 37
76889 Gleiszellen-Gleishorbach
+49 (0)6343 939212
www.zum-lam.de

BEIM HEILIGEN DIONYSIUS ZU GAST

Muskateller-Rundwanderweg

Weinliebhaber behaupten, Noah hätte den Muskateller mit in seine Arche genommen. Andere meinen, dass die Rebe vom Weingott Dionysos selbst erschaffen wurde. Und Lateinlehrer unterstellen, dass bereits Plinius der Ältere sie um 60 n. Chr. als »Uva Apiana« beschrieben habe. Wie dem auch sei, nachgewiesen ist, dass sich Karl der Große um 800 den Muskateller von Frontignan nach Aachen bringen ließ.

Weit wird der Weg gewesen sein, bis der Muskateller-Rebstock auch in der Pfalz angebaut wurde. Im Jahre 1551 findet er als »Moschateller« seine erste schriftliche Erwähnung in einigen Orten der Pfalz. Die Ortsgemeinde Gleiszellen-Gleishorbach gilt heute als Zentrum des Muskatelleranbaus in Deutschland. Von dem bundesweit nur auf etwas mehr als 100 Hektar angebauten Gelben Muskateller entfallen auf die Gemeinde fast zehn Prozent. Die schweren, kalkhaltigen Böden in den sanften, durch den Pfälzerwald vor dem Westwind geschützten Tälern bieten dem Muskateller beste Anbaubedingungen.

Der Gleiszeller Muskateller-Rundwanderweg bietet nicht nur schöne Ausblicke in die Rheinebene, sondern informiert auch anschaulich über das Wachsen und die Geschichte der Rebe. Zunächst führt uns die Dionysiusstraße zur gleichnamigen kleinen Kapelle, einem barocken Saalbau aus der zweiten Hälfte des 18. Jahrhunderts. Hier wacht der heilige Dionysius über Wein und Lebensfreude. Dann zweigt der Weg ab in das Naturschutzgebiet zwischen den beiden Ortsteilen, mitten durch die Weinberge hindurch, wo man die Muskatellerrebe hautnah bewundern darf. Wieder zurück oben im westlichen Teil Gleiszellens macht man einen kurzen Abstecher zum »Durchblick«-Denkmal. Witzig-charmant steht der Steinklotz mitten auf der Wiese und eröffnet einen überraschenden Blick bis in den Schwarzwald. Der Höhepunkt unseres Spaziergangs ist die Winzergasse, wo in den alten Fachwerkhäusern gemütliche Weinstuben wie der Gasthof *Zum Lam* zum Muskateller-Genuss locken.

Freitag und Samstag nach Fronleichnam steht der *Kirchberg in Flammen:* Lichter, Fackeln und Schwedenfeuer tauchen die Weinberge in romantisches Licht.

58

Weingut Wissing
Winzergasse 55
76889 Gleiszellen-Gleishorbach
+49 (0)6343 4711
www.weingut-wissing.de

Weinstube Wissing
Winzergasse 47
76889 Gleiszellen
+49 (0)6343 6100505

DIE MUSKATELLER-PIONIERE

Weingut Wissing

Der Pfälzische Jakobsweg führt direkt am Weinberg der Winzerfamilie Wissing in Gleiszellen vorbei. Die uralte Kulturpflanze Wein verbindet sich hier mit dem spirituellen Erlebnis der Pilgerwanderung. Da liegt es nahe, einen besonderen Jakobswein zu kreieren. Das Weingut Wissing ist europaweit das einzige, das den roten und weißen St. Jakobus Gold als geschützte Marke vertreiben darf.

Die Tradition der Familie lässt sich bis ins Jahr 1421 zurückverfolgen. Ihr Weinbau in Gleiszellen beginnt 1640. 1768 entsteht das Fachwerkhaus in der heutigen Winzergasse, das jetzt die Weinstube Wissing beherbergt. 1865 beginnt die Familie mit dem Muskateller-Anbau. In ihren Weinbergen gedeihen – und das ist einzigartig in Deutschland – vier Muskatellersorten gleichzeitig. Der Gelbe Muskateller leuchtet in hellem Strohgelb und empfiehlt sich als fruchtiger Aperitif genauso wie als charaktervoller Begleiter zu sommerlichen Gerichten. Der trocken ausgebaute Rote Muskateller wird wegen seines fruchtig-blumigen Bouquets geschätzt. Dabei handelt es sich nicht um einen Rot-, sondern um einen speziellen Weißwein. Goldgelb lockt der Goldmuskateller verführerisch im Glas. Er fällt durch sein edles, frisches Pfirsich-Mandarinenaroma auf. Der Rosenmuskateller leuchtet in hellem Rubinrot, eine Rarität in Deutschland, die besonders die Freunde von feinem Muskat-Bouquet begeistert.

Ein Siegeszug der vier »Muskatiere«. So wie Alexandre Dumas' berühmte Musketiere einst nicht zu bremsen waren, so setzen derzeit vier aromatische Muskateller-Arten ihren unaufhaltsamen Siegeszug bei Weinkennern und -genießern fort. Im Gefolge des Gelben und des Roten Muskatellers erfreuen sich der Goldene und der Rosenmuskateller auch bei uns ständig wachsender Beliebtheit. Für besondere Anlässe bietet das Weingut Wissing individuell gestaltete Etiketten für ihre Weine an, ideale Präsente für feierliche Gelegenheiten.

Gemütlich sitzt man in der Weinstube Wissing in der Winzergasse bei Pfälzer Spezialitäten und mundenden Wissing-Weinen.

59

Altstadt Bad Bergzabern
Startpunkt: Weinbrunnen
Weinstraße 43
76887 Bad Bergzabern
www.bad-bergzaberner-land.de

Schlosshotel Bergzaberner Hof
Königstraße 55–57
76887 Bad Bergzabern
+49 (0)6343 9365860
www.bergzaberner-hof.de

BAROCKE PRACHTBAUTEN

Altstadt

Das staatlich anerkannte Heilbad Bergzabern ist als größte Stadt zwischen dem nördlichen Landau und dem französischen Wissembourg das Herzstück des südlichen Teils der Weinstraße. Hier beginnt einer der wichtigsten Reisewege in den Wasgau. Das kulturelle und geschäftliche Leben pulsiert in der Kleinstadt mit dem charmanten Altstadtkern, im romantischen Kurpark mit seinem alten Baumbestand geht es dagegen ruhiger zu.

Unser Erkundungsgang beginnt beim Parkplatz vor der Sparkasse. Der dort stehende von dem Bildhauer Gernot Rumpf geschaffene Weinbrunnen erinnert an die vier Stationen des Weingenusses: Das erste Glas macht lammfromm, beim zweiten wird man munter wie ein Affe, nach dem dritten brüllt man wie ein Löwe und nach dem vierten wälzt man sich wie ein Schwein. Also bleiben wir vorerst nüchtern und kommen durch einen kleinen Gang gleich neben der Kirche auf den Marktplatz. Die Geschichte der Marktkirche mit den neugotischen Dachreitern geht bis ins 12. Jahrhundert zurück. Daneben eines der ältesten Barockhäuser: die Buchhandlung Wilms, in der sich auch ein Zinnfigurenmuseum befindet. Gegenüber das Alte Rathaus mit seinem schönen Eckerker. Ein kleines Stück weiter in die Marktstraße hinein befindet sich die Adler-Apotheke mit ihrem barocken Fachwerkbau.

Dann geht es die Marktstraße weiter aufwärts bis zur Kettengasse, der wir nach links folgen. Sie stößt auf die Königstraße, in der sich die schönsten Bauten der Stadt präsentieren. Gleich an der Kreuzung ragt das Gasthaus Zum Engel hervor. Das ehemalige herzogliche Amtshaus gilt als der schönste Renaissancebau der Pfalz. Die Königstraße rechts hinauf liegt unser Ziel: Schloss Bergzabern, das Wahrzeichen der Stadt. Im Jahre 1333 erstmals als Wasserburg erwähnt, ging es bald an die Herzöge von Pfalz-Zweibrücken über, die es im 18. Jahrhundert als imposante Barockresidenz ausbauten. Heute dient es als Verwaltungsgebäude und ist leider nicht frei zu besichtigen.

Im Schlosshotel *Bergzaberner Hof* lädt das hoch ausgezeichnete Gourmet-Restaurant Walram zur genussfreudigen Einkehr.

60

Südpfalz Therme
Kurtalstraße 27
76887 Bad Bergzabern
+49 (0)6343 934010
www.suedpfalz-therme.de

WO DER ALLTAG VOR DER TÜR BLEIBT

Südpfalztherme

In Bergzabern herrscht seit dem Ende des 19. Jahrhunderts Kurbetrieb. Ab 1892 wurden Kneippsche Kaltwasseranwendungen verabreicht. 1953 folgte die Anerkennung als Kneipp-Kurort. Seitdem darf die Stadt die Bezeichnung Bad im Namen führen. Grundlage des Erfolgs ist die Petronella Heilquelle, die das Thermalwasser aus 450 Metern an die Oberfläche bringt, wo es bei wohligen 26–32 Grad genutzt wird.

Die heilende Kraft des Wassers ist besonders für Menschen mit rheumatischen Beschwerden, Osteoporose und allen Erkrankungen an den Gelenken und der Wirbelsäule zu empfehlen. Aber auch für alle anderen, die einfach nur die Flucht aus dem Alltagsstress und eine Stärkung der Abwehrkräfte suchen. Ob bei Wohlfühlmassagen, einem Serailbad im Wellnessbereich oder beim Saunieren im Saunadachgarten: jeder findet das, was er braucht, je nach Geschmack und Alter. Der eine mag Sprudelliegen, der nächste hält sich schwimmend im inneren Thermalbecken bei einer Wassertemperatur von 32 Grad fit und genießt anschließend die Wasserfontäne. Besonders reizvoll: der Aufenthalt im fast gleichwarmen Außenbecken bei Dunkelheit oder gar im Winter. Das Cocktailglas wartet am Beckenrand. Doch die Südpfalztherme bietet noch viel mehr. Natürlich gibt es auch medizinische Heilanwendungen, Thermalbewegungsbäder, Ganzkörpermassagen oder Wassergymnastik und Fitnesstraining. Wer etwas für seinen geschundenen Rücken tun will, nimmt das gelenkschonende Programm Aqua Rückenfit wahr.

Im Foyer kann man sich im Badeshop nicht nur mit dem Notwendigsten rund um Wellness, Beauty und Gesundheit versorgen. Auch Naturkosmetik und Mitbringsel stehen zur Auswahl. Gleich nebenan informiert das Tourismusbüro über die kulturellen Events in der Stadt, über Weinproben oder gibt Tipps zu Wanderungen. Und bei all dem muss der lukullische Genuss nicht zu kurz kommen. Thermen-Bistro, Saunabad und Terrassenrestaurant locken zum Schwelgen und Schlemmen.

Einfach königlich: Die *Tageskarte Therme und Sauna* mit Wohlfühlpaket. Petronella Grotte – Königsmassage – königliche Auswahl an Speisen und Getränken.

61

Bummel Dörrenbach
Hauptstraße
76889 Dörrenbach
www.doerrenbach.de

Weinstube
Unter der Linde
Hauptstraße 8
76889 Dörrenbach
+49 (0)6343 939803
www.weinstubeunterder-
linde.de

DAS DORNRÖSCHEN DER PFALZ

Bummel durch die Hauptstraße

Unterhalb von Bad Bergzabern führt ein kleines, sackgassenähnliches Seitental in die Berge. In ihm liegt Dörrenbach, ein Ort, der mit seinen malerischen Fachwerkhäusern und der eindrucksvollen Wehrkirche als der idyllischste der Pfalz gilt. Für die Wanderer ist er Ausgangspunkt für herrliche Wanderungen durch den Wasgau. Aber auch ein geruhsamer Bummel durch die Hauptstraße bietet reizvolle Ansichten.

Dornröschen, so wird Dörrenbach gerne genannt, weil es wegen seiner Abgeschiedenheit scheinbar den Lauf der Geschichte verschläft. Aber das täuscht. Im Gegenteil, der Ort kann auf eine über tausendjährige Geschichte zurückblicken. Im Jahre 992 erstmalig als »Turrenbach« erwähnt, was auf einen wasserarmen Bach verweist, war er zunächst ein staufisches Reichsgut und ging später an das Herzogtum Pfalz-Zweibrücken über. Später kam er zu Frankreich und nach dem Wiener Kongress ins Königreich Bayern. Jede Epoche hinterließ ihre Spuren. Die wohl schlimmste Zeit erlebte Dörrenbach im Zweiten Weltkrieg, als die Wehrmacht Teile des Dorfes abreißen ließ, um freies Schussfeld zu haben.

Diese Wunden sind heute vernarbt. Liebevoll hat man alles wiederaufgebaut, sodass Dörrenbach bereits 1975 als schönstes Dorf der Weinstraße ausgezeichnet wurde. Das Rathaus von 1591 zählt zu den meistfotografierten Motiven der Region. Auf dem solide gemauerten Erdgeschoss ruht ein Oberbau aus fränkischem Fachwerk. Man entdeckt kunstvoll geschnitzte Figuren, flachgeneigte Andreaskreuze, Sonnenornamente, ein Wappen und das Zunftzeichen der Bäcker. Der Profanbau findet seinen harmonischen Gegenpart in der gegenüberliegenden Wehrkirche. Der untere Teil ihres Chorturms mit seinen zwei Meter starken Mauern geht auf das 13. Jahrhundert zurück, die oberen Geschosse stammen aus der Spätgotik des 16. Jahrhunderts. Eindeutig diente die Kirche auch zur Verteidigung, wie die schmalen Schlüssellochscharten beweisen. Besonders sehenswert: Die Wandmalereien aus dem 14. Jahrhundert.

Bei schönem Wetter kann man auf der Terrasse der Weinstube *Unter der Linde* sitzen und den heimischen Wein genießen.

62

Fun Forest
Abenteuerpark Kandel
Badallee
76870 Kandel
+49 (0)7275 618032
kandel.funforest.de

GESPANNT VON BAUM ZU BAUM

Fun Forest Abenteuerpark Kandel

Wir befinden uns im größten Kletterpark Europas mit permanentem Sicherungssystem. Die 24 Hochseilparcours verteilen sich auf einer Fläche von sieben Hektar mit über 200 Bäumen, die mit etwa 17.000 Metern Stahlseil verbunden sind. Die Parcours sind im Schwierigkeitsgrad nach Griffhöhe und Altersklassen unterteilt. Elemente mit niedriger Höhe erleichtern den Einstieg für Anfänger und für nicht ganz Schwindelfreie. Bei anderen kommen besonders die Kinder durch Seilrutsche, Kanurutsche und Bobbycar auf ihre Kosten. Für die Mutigeren gibt es jede Menge Steigerungen. Wie wär's mit Skateboard in zehn Metern Höhe oder mit der Seilrutsche oder dem Monstersprung aus 22 Metern Höhe? Der »AbenteuerPark« ist kein Nervenkitzelpark mit Geisterbahn und Riesenlooping. Dennoch ist es spannend, einen der Hochseilparcours zu bewältigen. Und es macht Spaß, denn stets steht die Sicherheit an erster Stelle. Das Klettern in den Bäumen hat auch einen tieferen Sinn, weil der spielerische Aufenthalt den Bezug zur Natur stärkt und das Bewusstsein für den Erhalt einer intakten Umwelt entwickelt. Ein Erlebnis für die ganze Familie. Bei einigen Elementen kann ein Trainer die Einweisung und Überwachung übernehmen. Dadurch ist der Kletterpark auch hervorragend für Schulklassen oder für einen aktiven Betriebsausflug geeignet. Verraten Sie es Ihrem Chef: Gemeinsames Klettern fördert Teamfähigkeiten wie Vertrauen, Verantwortungsbewusstsein und Kommunikation, aber auch Entscheidungsfreude und Initiative. Und was halten Sie von einer Hochzeitsfeier in lichten Höhen?

Der Park bietet außerdem betreute Feriencamps für Kinder an. Dann geht es neben dem Kletterspaß, neben Bogenschießen und Survival Training auch zusammen mit einem Förster auf Entdeckungsreise durch den Wald. Egal, welchen Parcours man wählt, man bekommt Respekt vor dem Baum, vor dem Wald, vor der Natur. Und man vergisst ihn nicht, wenn man das nächste Mal durch den Pfälzerwald wandert.

Für eine angemessene Stärkung sorgt die Waldgastronomie *Fun for rest.*

63

Kakteenland Steinfeld
Wengelspfad 1
76889 Steinfeld
+49 (0)6340 1299
www.kakteenland.de

VON EWIGER SCHÖNHEIT

Kakteenland

Dass im mediterranen Klima der Südlichen Weinstraße Feigen, Mandeln und Zitronen gedeihen, ist zwar bemerkenswert, aber nicht ungewöhnlich. Aber Wüstenpflanzen wie Kakteen und Sukkulenten (wasserspeichernde Pflanzen) wie die Aloe Vera in so großer Anzahl in diesen Breiten anzutreffen, ist einmalig. Südlich von Bad Bergzabern kann man sie bei jedem Wetter und zu jeder Jahreszeit bestaunen und kaufen. Bei kostenlosem Eintritt.

In dem etwa 7.000 Quadratmeter großen Areal lassen sich in den weitläufigen Glashäusern über 1.000 Kakteenarten und 600 andere saftspeichernde Pflanzen bewundern. Von den kugelförmigen Kakteen mit nur Zentimetern Durchmesser bis hin zu fünf Meter hohen Kaktussäulen, im Frühjahr in voller Kakteenblüte. Ein lohnenswertes Fotomotiv. Der Bummel durch die Gänge zeigt, welche Überlebenskünstler diese Pflanzen sind. Sandig-mineralische Böden, arm an Nährstoffen, und seltenes, dann aber reichliches Gießen bieten für sie beste Bedingungen. Neben den Kakteen steht die Aloe Vera im Zentrum der Anlage. Die heilende Wirkung dieses Gewächses, die bereits bei den Ägyptern bekannt war, wird heute von immer mehr Menschen genutzt, die auf natürliche Heilmethoden bauen. Und sie soll das Geheimnis der ewigen Schönheit in sich tragen. Doch bis ein Sprössling so weit ist, kann es Jahre dauern. Daher bietet der Betrieb große, ausgewachsene Exemplare zum Kauf an.

Alle Pflanzen stammen aus einer hauseigenen großen Finca auf Gran Canaria und werden direkt in die Pfalz geliefert, wo sie ihre zweite Heimat finden. Das dritte Standbein des Kakteenlands sind edle Steine und Mineralien. Eine Auswahl von fast 200 verschiedenen Mineralien, vom einfachen Trommelstein bis zu spektakulären Kristalldrusen gibt es alles, was das Herz begehrt. Schon immer spürte der Mensch die feinen und positiven Schwingungen von Mineralien. Es wird Zeit, sich wieder auf den »Stein der Weisen« zu besinnen.

Für Freunde klassischer Musik: Das Kakteenland bietet die seltene Einspielung der »Kakteen«-Klavierstücke des russischen Komponisten Paul Juon an.

64

Deutsches Weintor
mit Tourist-Information
Im Weintor
76889 Schweigen-Rechtenbach
+49 (0)6342 6321
www.schweigen-rechtenbach.de

Restaurant Deutsches Weintor
Weinstraße 4
76889 Schweigen-Rechtenbach
+49 (0)6342 922780
www.weintor.de

AM ENDE DER DEUTSCHEN WEINSTRASSE

Deutsches Weintor

In Schweigen endet die Deutsche Weinstraße, die 85 Kilometer nördlich in Bockenheim beginnt, mit dem Weintor samt integrierter Gaststätte. Kurz dahinter beginnt Frankreich. Heute schmücken die Fahnen beider Länder und die Europafahne das Tor, an dessen rechter Flanke, von Süden gesehen, ein Adler in Stein gehauen ist. Wer genau hinschaut, wird noch Reste von dem Kranz entdecken, den der Adler in den Klauen hält. Früher prangte hier ein Hakenkreuz.

Schon der Stil des Monumentalbaus lässt erahnen, wann es entstand. 1935 wurde es im Zuge der Eröffnung der Deutschen Weinstraße eingeweiht. Zum einen wollte man dem damals notleidenden Weinbau durch eine landesweite Werbekampagne auf die Beine helfen, andererseits diente das Tor im Zuge der nationalistischen Propaganda als symbolträchtige »Pforte ins Reich«, die allenfalls den Elsässern offen stand: So lobte der damalige Gauleiter Bürckel 1935 den »elsässischen Franzosen« – offensichtlich, um sich die Annexion des Elsass offen zu halten, die fünf Jahre später erfolgen sollte.

Zu Beginn der 30er-Jahre war die Not der Winzer groß. Der Wechsel von Missernten und Überproduktionen trieb viele in den Ruin. Hinzu kamen Schäden durch die sich ausbreitende Reblaus. Und der politische Faktor darf nicht verschwiegen werden: Bis 1933 lagen 80 Prozent des Weinhandels in jüdischen Händen. Durch Hitlers Rassenpolitik wurden die Juden aus dem wirtschaftlichen Leben vertrieben. Wir wissen heute, wie ihr Schicksal endete. Werbekampagnen, Ausbau der Weinstraße und wirtschaftliche Partnerschaften mit anderen Städten brachten nur wenig Erfolg. Der Zweite Weltkrieg stand vor der Tür, Teile von Schweigen wurden »Rote Zone«. Die Menschen mussten in rückwärtige Gebiete ausziehen. Stacheldraht beherrschte die Terrasse der Weintor-Gaststätte. Doch zum Glück haben sich die Zeiten geändert. Heute sitzt man hier mit wunderbarem Ausblick in die Rheinebene, bei gutem Wein zusammen mit Menschen aus aller Welt. Unter der Europafahne.

Das Restaurant *Deutsches Weintor* bietet eine exzellente Küche an. Dazu gibt es ausgezeichnete Weine von der Winzergenossenschaft Deutsches Weintor.

65

Eisenerzbergwerk Sankt Anna Stollen
Am Kolbenberg
76891 Nothweiler
Anmeldung Gruppen:
06394 5354
www.nothweiler.de/erzgrube.html

Überirdisch unterirdisch

Besucherbergwerk Sankt Anna Stollen

Während man im Sommer draußen in etwa 600 Metern Höhe kaum die Hitze aushalten kann, wird es im Stollen nach nur wenigen Schritten erfrischend kühl. Doch die Bergleute, die hier früher schuften mussten, werden das nicht wahrgenommen haben. Eine harte Knochenarbeit bei geringer Lebenserwartung, und Kinderarbeit blieb angesichts der elenden Lage der Bevölkerung nicht aus. Nur mit Hammer und Meißel bewaffnet, trieb man den Stollen voran und lockerte das kostbare Erz. Ab und zu erweitert sich der Stollen zu kleinen Hallen und Kuppeln. Im 20 Meter senkrecht in den Fels getriebenen Sturzschacht warf man das Erz hinunter, damit es an den Wänden in kleinere Teile brach. Unten gab es einen Stollen, über den das Material ans Tageslicht befördert und im Pochwerk weiter zerkleinert wurde. Ein Wetterschacht diente der Frischluftzufuhr, und in der Zisterne wurde das Wasser gesammelt, das über Kanäle geleitet das Pochwerk betrieb. Von 1493 bis 1883 wurde hier Eisenerz mit hohem Mangangehalt gefördert. Vielleicht nutzen bereits die Kelten die Erzadern zur Eisengewinnung.

Seit 1976 kann ein 420 Meter langer Teil der geschätzten 10 Kilometer Stollenlänge besucht werden. Er steht als Kulturdenkmal unter besonderem Schutz. Seit dem Jahr 2008 ist ein Infozentrum samt einer Mineralienausstellung angeschlossen. Der Aufenthalt im Stollen ist heute gesundheitsfördernd, da es weitgehend an Pollen, Sporen und Staubteilchen fehlt. Pollenallergikern und Asthmatikern tut das unterirdische Klima besonders gut. Bevor es unter Tage geht, muss jeder Besucher einen schwarzen Bergmannskittel und einen gelben Schutzhelm anlegen. Dann geht es nahezu ebenerdig bei konstanten 9° C und einer Luftfeuchtigkeit von 80 Prozent in den Berg. Kinder entdecken schnell, dass sich die feuchte rote Buntsandsteinschicht gut als Indianerschminke eignet. Doch bitte kein Indianergeheul, denn hier leben sechs seltene und unter Naturschutz stehende Fledermausarten.

Im *Zechenhaus* kann man sich nach der Führung mit einem Bergmannsgruß, einem Kümmelbrand, und einem deftigen Bergmannsmahl stärken.

66

Wegelnburg
Starpunkt:
Wanderparkplatz
Lembacher Str.aße
76891 Nothweiler
www.wegelnburg.info
www.nothweiler.de

Ferme Gimbelhof
F-67510 Lembach
+49 (0)033 388 944358
www.gimbelhof.com

HÖCHST GELEGENE BURG DER PFALZ

Wegelnburg

Die Wegelnburg ist mit 571 Metern die höchste Burgruine der Pfalz. Sie muss von Nothweiler aus durch einen etwa einstündigen Anstieg erobert werden. Doch die Mühe lohnt sich. Von hier bietet sich einer der schönsten Rundblicke über die Wasgauer Berglandschaft mit den nicht weit entfernten Ruinen Hohenburg, Löwenstein und Fleckenstein. Besonders für Kinder eine spannende Burgenwanderung mit Rückweg durch das Grenztal.

Die lang gestreckte, imposante Anlage liegt in etwa 300 Metern Höhe über dem Tal ganz nahe der deutsch-französischen Grenze. Obwohl nur wenige Originalreste erhalten sind – die heutigen Steinbrüstungen auf der obersten Plattform wurden vor wenigen Jahrzehnten zum Schutz der Besucher errichtet –, lässt sich deutlich die Gliederung in Toranlage, mittlere Ebene und Oberburg erkennen. Die Burg wurde wahrscheinlich nach 1235 errichtet. Sicher ist, dass sie 1679 durch französische Truppen restlos zerstört wurde. Vermutlich gab es südlich beim heutigen Krötenstuhl eine von der Hauptburg völlig getrennte Nebenburg. Diese kann aber auch bei einer Fehde im Jahre 1272 als Belagerungsburg gedient haben. Viele Details aus der Geschichte der Burg sind bis heute unbekannt oder umstritten. Hartnäckig haben sich dagegen einige Sagen erhalten.

Eine davon weiß von einer Edelfrau zu berichten, die wegen ihres Hochmuts vom Teufel verflucht wurde. Sie muss in den Ruinen hausen und sich jeden Freitag dreimal zeigen. Wer sie jedes Mal küsst, erlöst sie und erhält zum Lohn einen großen Schatz. Viele Jünglinge kamen und versuchten es. Beim ersten Mal fiel es ihnen leicht, das Mädchen zu küssen, denn es erschien in Gestalt einer schönen Jungfrau. Als es beim zweiten Mal als Schlange herangekrochen kam, konnten sich nur noch wenige zu einem Kuss überwinden. Doch den dritten Kuss hat bislang noch niemand gewagt, denn dann erschien eine feuerspuckende Kröte. – Ob sich unter den Umständen jemals ein Erlöser finden wird?

Der nah gelegene Gimbelhof lädt auf französischem Boden zur Einkehr ein.

67

Biosphärenhaus Pfälzerwald Nordvogesen
Am Königsbruch 1
66996 Fischbach bei Dahn
+49 (0)6393 92100
www.biosphaerenhaus.de

Biosphären-Hofladen
Naturrrlebniszentrum
Wappenschmiede
Am Königsbruch 2
66996 Fischbach bei Dahn
+49 (0)6393 993406
www.wappenschmiede.de

NATUR!-SCHAU!-SPIEL!

Biosphärenhaus mit Baumwipfelpfad

Das deutsch-französische Biosphärenreservat existiert seit 1998. Ziel ist es, den Fortbestand der vielfältigen Natur- und Kulturschätze der Region zu erhalten. Das umfasst naturnahe Ökosysteme ebenso wie landwirtschaftlich oder gewerblich genutzte Gebiete: »Den Bedürfnissen der heutigen Generationen entsprechen, ohne den zukünftigen Generationen die Möglichkeit zu nehmen, ihren eigenen Bedürfnissen gerecht zu werden.«

Das Biosphärenhaus leistet einen wichtigen Beitrag, um dieses Anliegen einer breiten Öffentlichkeit zu vermitteln. Der praktische Umgang mit der Natur und das spielerische Lernen fördern den Respekt vor der Umwelt. Im Biosphärenhaus kann man den Pfälzerwald bei Nacht erleben oder in einer Multimedia-Ausstellung die Welt durch die Augen unterschiedlicher Tiere sehen. Für Groß und Klein eine spannende Sache. Für die Jüngeren ist das Angebot an altersgerechten Spielmöglichkeiten immens. Für Schulklassen werden interessante Rallyes vorbereitet.

Im Außenbereich lockt Deutschlands erster Baumwipfelpfad. In 15 bis 35 Metern Höhe kann man durch die Baumkronen spazieren gehen, sich auf wackelige Brücken wagen oder sogar einen Adlerhorst erobern. Ein Riesenspaß für die ganze Familie, alles ist so abgesichert, dass man auf Kletterführer und Sicherheitsgurte verzichten kann. Teilstrecken sind sogar für Rollstuhlfahrer nutzbar.

Die dritte groß angelegte Attraktion sind die Erlebnispfade, die vom Biosphärenhaus aus durch das benachbarte Spießwoogtal bis zum Wendepunkt am Klosterweiher und wieder zurück führen. Der Biosphären-Erlebnis-Weg und der Wasser-Erlebnis-Weg sind jeweils etwa 2,5 Kilometer lang. Überall gibt es interaktive Stationen, sodass keine Langeweile aufkommt. Der Hauptspaß im Sommer: Barfuß und mit Becherlupe durch den Bach wandern und forschen. Darüber hinaus gibt es einen Burgkräutergarten, einen attraktiven Kinderspielplatz, und für Gruppen steht ein gut ausgerüsteter Tagungspavillon zur Verfügung.

Der benachbarte Biosphären-Hofladen im Naturerlebniszentrum Wappenschmiede bietet im idyllischen ländlichen Ambiente leckere regionale Produkte sowie Kaffee und Kuchen an.

68

Barfußpfad
Startpunkt:
Schuhdepot/Kiosk im
Freizeitpark Birkenfeld
66996 Ludwigswinkel
www.ludwigswinkel.de/
lu_barfussweg.php

DIE NATUR UNTER DEN SOHLEN

Barfußpfad

Der Ludwigswinkel liegt hart an der Grenze zu Frankreich. Er wurde 1783 vom Landgrafen Ludwig IX. von Hessen-Darmstadt als Erholungsort für seine Soldaten gegründet – mit dem Hintergedanken, bei der Gelegenheit gleich eine handfeste Grenzsicherung in der Hand zu haben. Das ist heute nicht mehr nötig, und Soldaten wird man hier auch nur selten finden. Erst recht keine, die barfuß durch Bäche und Wiese treten.

Dafür trifft man in der Naturlandschaft der Ludwigswinkler Talaue jede Menge Erholungssuchende, die sich ohne Schusters Rappen durch die schöne Landschaft bewegen. Vor allem Familien mit ihren Kindern. Sich für längere Zeit von seinem täglichen Ledergefängnis zu befreien, ist nicht nur ein erfrischendes Erlebnis. Die prickelnde Massage für die Reflexzonen entspannt auch und stärkt die Gesundheit, fördert gerade bei Kindern Bewegungskompetenz und schafft Respekt gegenüber der Natur.

Die Schuhe muss man im Empfangsgebäude beim Freizeitpark abgeben. Auf einem 1,6 Kilometer langen Rundweg geht es über ganz unterschiedliche Naturmaterialien. Es beginnt bei weichem Waldboden und rauem Holz- und Rindenmulch. Dann schließt sich ein Sandweg an, auf dem sich verschiedene Balancierbalken befinden. Der erste Härtetest erfolgt auf einem Rundholzsteg. Das ungewohnte Fußgefühl steigert sich beim Betreten einer Schotterstrecke mit steigender Grobheit bis hin zum Bahnstreckenschotter. Wem das zu viel ist, muss sich nicht schämen, wenn er auf die benachbarte Wiese ausweicht. Ein Riesenvergnügen, gerade für Kinder, bereitet das Schlammwaten. Doch keine Angst vor schmutzigen Füßen, denn anschließend geht es über Betonpflaster, das sich durch die Sonne erwärmt hat, durch einen Bach, auf dessen Grund verschiedene Materialien zu erfühlen sind. Das kühle Wasser erfrischt und fördert die Durchblutung. Der Duft der vier Kräuterbeete begleitet uns auf dem Weg. Hier und da erklären hölzerne »Fußnoten«, was wir ertasten.

Wer sich noch nicht genug bewegt hat, kann sich im benachbarten Freizeitpark Birkenfeld nach Herzenslust austoben.

ABSTECHER NACH FRANKREICH UND IN DIE RHEINEBENE

69

Burgruine Wasigenstein
Parkplatz an der D190
F-67510 Niedersteinbach
www.wengelsbach.fr

**Restaurant
Au Wasigenstein**
32, Hameau de
Wengelsbach
F-67510 Niedersteinbach
+49 (0)033 3880 95054
www.restaurantwasigens-
tein.com

AUF DEN SPUREN DES WALTHARILIEDS

Burg Wasigenstein

Auf einem Ausläufer des Maimont liegt, versteckt inmitten der romantischen Wälder, die Doppelburg Wasigenstein. Sie ruht auf zwei steilen Sandsteinfelsen, die von einer engen tiefen Felsspalte getrennt werden. Die erste Erwähnung stammt von 1270. Nach einer wechselvollen Geschichte wird die Anlage 1606 als »zerbrochen« bezeichnet. Doch weniger das Schicksal der Burg, als vielmehr die sich um sie rankenden Sagen sind von Interesse.

Ob die Doppelburg oder der nahe gelegene Maimont als Schauplatz für das Waltharilied, das Heldenepos aus dem 10. Jahrhundert, diente, ist umstritten, zumal die Burg erst 200 Jahre später in Urkunden auftauchte. Auch wenn viele Details für letzteres sprechen, mag die Burgruine dennoch der passende Ort sein, sich im Schatten des Felsspalts niederzulassen und mit seiner Fantasie in die Welt des – vor dem Nibelungenlied spielenden – Waltharilieds einzutauchen.

Nach seiner Flucht aus der Geiselhaft beim Hunnenkönig Etzel kam Walther, das heimlich angeeignete Lösegeld im Gepäck, durch die Rheinaue. Als er sich vom Fluss entfernte, gelangte der mutige Recke in ein waldiges Gebirge. »Vosagus« (Wasgau) hieß es schon damals. Ungeheuer und weit ist der Wald. Verstecke von Tieren hegt er in Mengen, und oft erschallt er von Hunden und Hörnern. Dort stehen an heimlicher Stätte zwei benachbarte Berge. Eine enge und liebliche Schlucht liegt zwischen beiden, nicht in die Erde gehöhlt, durch die Gipfel der Felsen gebildet.

Doch auch seinem ehemaligen Gefährten Hagen war die Flucht gelungen, er wurde Gunthers Lehensmann in Worms. Als die beiden von Walthers Nahen hörten, verfolgten sie ihn, um seines Schatzes habhaft zu werden. Im Wasgau kam es zum Kampf, doch keiner blieb Sieger. Erst als jeder schwer verwundet war, versöhnte man sich.

Als zu Ende der Streit, da hatte ein jeder ein Zeichen: Hier lag Gunthers Fuß, des Königs, und dort die Rechte Walthers und nahe dabei auch Hagens zuckendes Auge. So hatten sie sich geteilt das Gold der Hunnen!

Im nahe gelegenen Weiler Wengelsbach gibt es eine empfehlenswerte Einkehrmöglichkeit mit französischer Küche.

70

Ferme Gimbelhof
F-67510 Lembach
+49 (0)033 388 944358
www.gimbelhof.com

IM HERZEN DER NATUR

Ferme Gimbelhof

Wenn man nach Nothweiler kommt, meint man, am Ende der Welt angelangt zu sein. Doch das täuscht. Ein Schotterweg erlaubt das Passieren der deutsch-französischen Grenze. Er führt durch das schöne Tal, das von der Wegelnburg beherrscht wird, und bald zweigt eine kleine Zufahrt zum Hotel und Restaurant Gimbelhof ab, einer weit vom Straßenverkehr abgelegenen Wohlfühl-Oase mitten in den Bergen der Nordvogesen.

Von hier bietet sich ein eindrucksvoller Blick auf den Fleckenstein, eine der stolzesten Burgruinen der Vogesen. Gemütlich sitzt man auf der Terrasse des uralten ehemaligen Bauernhofs und genießt die Ruhe der Natur. Auf dem Speiseplan stehen die regionalen Gerichte mit der unverkennbar elsässischen Note. Vom Nachbartisch dringen französische Gesprächsfetzen herüber. Die Bedienung spricht dort Französisch, hier Deutsch im herrlichen Pfälzer Dialekt. Die Zweisprachigkeit ist hier selbstverständlich, was angesichts der wechselhaften Geschichte der Region nicht verwundert. Im Laufe der Zeit stand sie mal unter deutschen, mal unter französischen Herrschaftsansprüchen, die leider nicht immer friedlich durchgesetzt wurden. Doch davon ist heute nichts mehr zu spüren. Oft bemerkt man bei seinen Wanderungen den Grenzwechsel allenfalls, wenn sich das Handy meldet und den neuen Provider anpreist.

Hier im Gimbelhof treffen sich Wanderer aus allen Himmelsrichtungen, egal welche Sprache sie sprechen. Der beliebteste Weg ist der Vier-Burgen-Weg. Auf etwa zwölf Kilometern Länge lassen sich auf beiden Seiten der Grenze die Wegelnburg, die Hohenburg, der Löwenstein und Burg Fleckenstein erobern. Eine besonders gesellige Route, denn Einkehrmöglichkeiten – außer im Gimbelhof – bieten sich in Nothweiler und unterhalb des Fleckensteins an. Besonders interessant ist der Köhlerweg zwischen dem Gimbelhof und Fleckenstein. Anschaulich wird hier anhand von Meilern die nahezu ausgestorbene Kunst der Holzkohleherstellung dargestellt.

In einer halben Stunde Fußweg kommt man zum Fleckensteiner Weiher, wo man sich nach einem Bad mit einem Aperitif auf der Terrasse erquicken kann.

71

Burg Fleckenstein
Lieu-dit Fleckenstein
Parkplatz an der D525
F-67510 Lembach
+49 (0)033 388 942852
www.fleckenstein.fr

MIT RITTER WILLY DURCHS LABYRINTH

Burg Fleckenstein

Diese Burg ist ein Paradies für Kinder und für Erwachsene, die sich ihre Kinderträume bewahrt haben. Mit den in den Himmel ragenden Mauern und den in den Sandstein getriebenen Behausungen und Geheimgängen lässt die Burg der Fantasie freien Lauf. Dabei sind die geschichtlichen Daten zur Burg mager. Vor 1174 erbaut, 1680 zerstört, seither Ruine. Genaueres erzählt uns bei unserem Rundgang eine hölzerne Comicfigur.

Willy begrüßt uns am Eingang. Wir stehen vor einer eindrucksvollen Barbakane, einem dem Haupttor vorgelagerten Verteidigungswerk. Die Inschrift der Innentür stammt aus dem Jahre 1407, die Außentür mit Torhalle und Torbau von 1428. Doch Willy lässt uns ein Rätsel lösen: Wo ist der Fehler im Fleckensteinschen Wappen? In der inneren Barbakane gibt es eine Felsenkammer mit einem Brunnen. Der Turm darüber reicht bis zur Oberburg. Man kann noch gut den fensterlosen Raum erkennen, in dem sich das Aufzugstretrad für den Brunnen befand. In den Felsen gehauene Rinnen leiteten das Regenwasser in die Zisterne. Willy fordert uns auf, die Tiefe des Brunnens anhand der Knoten im Seil zu berechnen. Am spannendsten ist der Aufgang über die rutschigen, ausgetretenen Sandsteintreppen in die Oberburg. Ein geheimer tunnelartiger Seitengang lockt zum Versteckspiel.

Im rekonstruierten Rittersaal können wir Musik hören. Willy fragt: Welches Lied passt nicht ins Mittelalter? In der Falknerei zeigt uns der Comic-Ritter stolz seinen abgerichteten Falken, der zu seiner Zeit ein wichtiger Jagdbegleiter war. In der Hexenküche erläutert er uns den aus Kräutern zubereiteten Zaubertrank. Schließlich sollen wir Willy helfen, sein geliebtes Burgfräulein Hedwig zu befreien. Es hockt im Burgverlies, wo man im Dunkeln noch einen Abortsitz an den eingemeißelten Rillen und einer Abflussöffnung erkennen kann. Nachdem wir Hedwig befreit haben, genießen wir ganz oben den herrlichen Blick ins Tal bis hin zum Gimbelhof, wo wir uns stärken werden.

In dem ehemaligen Bauernhof am Fuße des Burgbergs können Kinder die spielerische Ausstellung Wald und Sandstein besuchen. Auch für Erwachsene interessant!

72

Salzhaus/Maison du sel
Altstadt Wissembourg
Office de tourisme
11, Place de la République
F-67160 Wissembourg
+49 (0)033 388941011
www.ot-wissembourg.fr

Restaurant Au Cygne
3, Rue du sel
F-67160 Wissembourg
+49 (0)033 388 940016
www.hostellerie-cygne.com

BEI DEN ELSÄSSERN ZU GAST

Altstadt

Mit der Kleinstadt Wissembourg endet unser Streifzug durch die Südpfalz. Dadurch, dass sie Ähnlichkeiten mit Neustadt hat, dem nördlichen Anfangspunkt unserer Reise, schließt sich der Bogen. Hier wie dort gibt es eine wunderschöne verwinkelte Altstadt, mundende Weine und einen geselligen Menschenschlag. Obwohl sich die historische romanisch-germanische Sprachgrenze etwa 70 Kilometer weiter südlich beim Tal der Bruche, etwa auf der Höhe von Straßburg befindet, dominiert hier auf der Straße und in den Caféhäusern das Französische. Die Mischung aus dem weltoffenen elsässischen Savoir-vivre und der heimatverbundenen pfälzischen Geselligkeit macht die Stadt so liebenswürdig. Unübertroffen ist auch die Ballung von Feinschmeckerrestaurants, Patisserien und Cafés.

Die Geschichte der Stadt geht auf das 7. Jahrhundert zurück. Anfangs gaben die Benediktinermönche der Abtei den Ton an. Doch Dank der Lakenherstellung, des Weins und der Kastanien mauserte sich das Dorf zu einer Stadt, die sich bald von der Abtei unabhängig machte. So finden wir noch heute sowohl ehrwürdige geistliche Bauwerke als auch stolze Bürgerhäuser. Die gotische Église Saint Pierre et Paul ist nach dem Straßburger Münster die zweitgrößte Kirche im Elsass. Ihr Glockenturm geht noch auf den romanischen Vorläuferbau zurück. Besonders sehenswert im Innern der Pfarrkirche sind die Fresken aus dem 14. Jahrhundert, wie zum Beispiel der elf Meter hohe heilige Christophorus. Der Kreuzgang mit seinen unvollendeten Bögen gilt als der eindrucksvollste des Oberrheins.

Schön sitzt man auch in den Grünanlagen am Lauter-Kanal mit Blick auf das Salzhaus mit dem gewellten Dach am Place du Saumon. Es hat eine bewegte Geschichte hinter sich: erst Krankenhaus, dann Metzgerei, dann Salzspeicher, auf dessen Dachboden der Hopfen trocknete. Von nebenan riecht es nach Choucroute alsacienne (Sauerkraut) oder Baeckeoffa (Fleisch-Kartoffel-Topf). Ich bekomme Lust, im Restaurant Au Cygne einzukehren, einem der schönsten Bürgerhäuser der Stadt.

An der Lauter weiter westwärts geht es zum romantischen Viertel Faubourg de Bitches. Zurück dann über die imposanten Wallanlagen.

78

Pâtisserie Rebert
7, Place du Marché
aux Choux
F-67160 Wissembourg
+49 (0)033 0388 940166
www.patisserie-rebert.fr

DAS I-TÜPFELCHEN

Pâtisserie Chocolaterie Rebert

»Wer nicht genießt, ist ungenießbar« singt der Liedermacher Konstantin Wecker. Wenn man durch die Straßen der Kleinstadt Wissembourg schlendert, wird man überrascht von der Vielzahl an Feinbäckereien und Konditoreien. Im Elsass werden die Geschäfte, die die edlen Naschereien anbieten, Patisserie – von »pâtisser« (fr.) »kneten, Kuchen backen« –, Confiserie – von »conficere« (lat.) »zubereiten« – und Chocolaterie genannt. Von einer Bäckerei grenzen sie sich ab, weil sie keine Brotwaren produzieren.

Immer wenn ich vor dem Schaufenster der Pâtisserie Chocolaterie Rebert stehe, geht mir Weckers Lied nicht aus dem Kopf. Wie die Zinnsoldaten reihen sich hier die Köstlichkeiten aneinander, eine friedliche Armee von Verführern. Zum Beispiel die Törtchen mit Pudding, Karamell und Erdbeerfüllung, oder die Matcha mit weißer Schokolade, eine leckere Praline mit japanischem Grünteegeschmack. Ich kann der Versuchung nicht länger widerstehen. Die wunderschön verzierte Holztüre mit dem Hauch von Jugendstil führt in den stimmungsvollen Verkaufsraum.

Hier duftet es nach Mandel, Kakao und Zimt. Auch das Auge kommt nicht zu kurz. Rechter Hand locken Berge von unterschiedlichen Pralinen, in Kakao eingetauchten Mandeln, Nougatkreationen oder glasierten Früchten. Tagestipp ist eine Tafel Schokolade »Lubango sans sucre«. Ich bestelle mir einen Vermicelles de Marron, eine dem Spaghetti-Eis ähnliche Kastaniencreme auf Mürbeteigboden mit einem Tupfer Sahne. Doch dann beginnt die nächste Qual der Wahl: Wohin setzen? Die Teestube ist bereits voller genusssüchtiger Menschen. Hinten im begrünten Garten wäre noch ein Tisch frei. Ich ziehe es vor, mich in die »gute Stube« zu setzen, einem Raum im anmutigen Kolonialstil. Am Nachbartisch sitzen zwei Französinnen, vernaschen ihre Mandelsplittertörtchen mit der glasierten Kirsche oben drauf und plaudern über die Neuigkeiten im Ort. Die schönste Kommunikation ist doch die, wenn man gemeinsam genießen kann.

Auf Wunsch führt der Pâtissier Daniel Rebert für kleine Gruppen den Kurs Schokoladentraum durch.

74

Altstadt Speyer
Startpunkt: Dom
Domplatz
67346 Speyer

Tourist-Information
Maximilianstraße 13
67346 Speyer
+49 (0)6232 142392
www.speyer.de

KULTURELLES ZENTRUM

Rundgang durch die Innenstadt

Die Stadt Speyer hat im Laufe der Geschichte stets eine große Rolle für die Pfalz gespielt. Um nur wenige Beispiele zu nennen: Die Madenburg bei Eschbach befand sich lange Zeit im Besitz der Bischöfe von Speyer. 1816 wurde Speyer Kreishauptstadt der damals bayerischen Pfalz. Landau und der Landkreis Südliche Weinstraße gehören heute zum Bistum Speyer, das unter anderem Wallfahrtsorte wie die St. Annakapelle Burrweiler betreut.

Als römische Gründung ist Speyer eine der ältesten Städte Deutschlands. Der Dom ist heute die größte erhaltene romanische Kirche der Welt, und in ihrer Krypta ruhen die Gebeine von acht deutschen Königen und Kaisern. Dort beginnt unser kleiner Stadtrundgang. Gleich südlich des Doms sticht der monumentale Bau des Historischen Museums ins Auge. Das Weinmuseum dort ist ein Muss für alle Liebhaber des Pfälzer Weins. Schräg gegenüber befindet sich der Judenhof, der mit seinem mittelalterlichen rituellen Tauchbad von der jüdischen Tradition in dieser Stadt zeugt. Weiter westlich gelangen wir zum Geburtshaus von Anselm Feuerbach, in dem man sich einen Überblick über das Werk eines der bedeutendsten Maler des 19. Jahrhunderts verschaffen kann.

Die Rossmannstraße führt uns zum Altpörtel, dem mittelalterlichen Westtor und Überbleibsel der alten Stadtbefestigung. Hier beginnt die Maximilianstraße, die Hauptflaniermeile, an deren Endpunkt der Dom winkt. Bis ins 18. Jahrhundert war sie die einzige Straße, die man als solche bezeichnete, alles andere waren Gassen. Heute ist sie die Lebensader der Stadt. Hier und in der parallel laufenden Korngasse locken unzählige Spezialitätengeschäfte, Boutiquen und Gaststätten zum Verweilen. Besonders beeindruckend: Die Alte Münze, ein ehemaliges Kaufhaus, das heute Geschäfte beherbergt. Etwas weiter am Gscherrplätzl begegnen wir der Statue des Jakobspilgers, der daran erinnert, dass hier in Speyer der Pfälzische Jakobsweg beginnt, der sich später entlang der Südlichen Weinstraße zieht.

Wer Speyer im August besucht, erlebt die *Kaisertafel,* eines der schönsten Pfalzfeste. Ein riesiger gedeckter Tisch, der vom Altpörtel zum Dom reicht.

75

Dom zu Speyer
Domplatz
67346 Speyer
+49 (0)6232 102119
www.dom-zu-speyer.de

Historisches Museum der Pfalz Speyer
Domplatz 4
67346 Speyer
+49 (0)6232 13250
www.museum.speyer.de

MACHTZENTRUM DER SALIER

Dom zu Speyer

Auf dem Weg von der Südlichen Weinstraße nach Speyer leuchten schon von weitem die Türme des Speyerer Doms. Nicht von ungefähr wird die Kathedrale des Bistums Speyer und päpstliche Basilika als Wahrzeichen der Stadt bezeichnet. Seit 1981 ist sie Weltkulturerbe und wird sogar durch die Haager Konvention bei bewaffneten Konflikten geschützt. Was nicht unbedingt ein selbstverständlicher Schutzbrief sein muss.

Denn Kriege haben in der Regel noch nie vor kulturellen Schätzen Halt gemacht. So auch beim Speyerer Dom. Er- und ausgebaut von 1024 bis 1106 durch die salischen Kaiser, ist er heute das größte romanische Bauwerk der Welt. Durch die erstmalige Verwendung von Kreuzgratgewölben in einem Mittelschiff übertrafen die Innenausmaße im 11. Jahrhundert alles bisher Vorhandene. Wenn man dann bedenkt, dass Speyer in der Zeit gerade einmal 500 Einwohner zählte, wird deutlich, dass hier offenbar machtpolitische Gründe eine Rolle spielten. Der pompöse Dom sollte die weltliche und religiöse Vormachtstellung der salischen Kaiser demonstrieren. Als Gegenleistung durften die Gebeine der Könige und Kaiser in der Krypta ruhen. Jahrhundertelang überdauerte der Bau die Wirren der Zeit, bis im Pfälzischen Erbfolgekrieg französische Truppen 1689 Teile des Doms in Brand steckten und die Kaisergräber plünderten. Teile des Westgewölbes stürzten ein. Erst 100 Jahre später war genug Geld vorhanden, um den Dom wiederaufzubauen.

Wenn man heute im Mittelschiff sitzt, spürt man nichts von den bewegten Zeiten. Im Gegenteil. Der Blick wandert hoch zum 33 Meter hohen Tonnengewölbe. Das erhabene Raumgefühl lässt bereits die Epoche der Gotik erahnen. Die Sonnenstrahlen dringen schräg von oben durch die hohen romanischen Fensterbögen, als wären sie Boten einer anderen Welt. Und wenn dann der Organist auf der Hauptorgel oberhalb der Sängerempore einen Bachchoral intoniert, meint man, einem Zwiegespräch zwischen Himmel und Erde zu lauschen.

Im benachbarten Historischen Museum kann man den Domschatz bewundern, unter anderem Grabkrone, Reichsapfel und Goldringe der salischen Kaiser.

76

Technik Museum Speyer
Am Technik Museum 1
67346 Speyer
+49 (0)6232 67080
speyer.technik-museum.de

TECHNIK IM WANDEL DER ZEIT

Technikmuseum

Wer von der A61 bei Speyer abfährt und auf der B39 die Rheinbrücke passiert hat, wird nicht schlecht staunen, linker Hand ein paar imposante Flugzeuge in die Luft ragen zu sehen, die im reizvollen Kontrast zu den Türmen des Speyerer Doms stehen. Auf 150.000 Quadratmetern Freigelände und 25.000 Quadratmetern Hallenfläche mit etwa 3.000 Exponaten bietet das Technik Museum Speyer eine spannende Erlebniswelt für Jung und Alt.

Kernstück ist die – abgesehen von Russland und den USA – weltweit größte Ausstellung zur bemannten Raumfahrt: Ein original russisches Space Shuttle BURAN, die original Sojus Raumkapsel, mit der Ulf Merbold 1994 zur Raumstation Mir reiste, ein Wostok 1 Raumschiff (originalgetreuer Nachbau) und vieles mehr. Natürlich alles begehbar, so das ehemalige U-Boot der Bundesmarine U9, die Antonov AN-22 als das größte Propellerflugzeug der Welt, der Jumbo Jet Boeing 747 oder der Seenotkreuzer »John T. Essberger«. Hubschrauber sind zu bewundern und die Freunde der Popmusik dürfen das berühmte Hausboot der Kelly Family betreten.

Die denkmalgeschützte Liller Halle, die Ausstellungshalle des Museums, ist selber eine technische Meisterleistung. 1913 in Lille in Nordfrankreich gebaut, wurde sie im Ersten Weltkrieg von den deutschen Truppen komplett zerlegt und in Speyer wiederaufgebaut. Hier diente sie den Pfalz-Flugzeugwerken als Montagehalle für ihre Kriegsflugzeuge. Heute geht es friedlicher zu. Sie beherbergt eine der größten Sammlungen historischer Feuerwehrfahrzeuge sowie Oldtimer aus den Anfängen der Automobilgeschichte bis in die Moderne. In der Halle und auf dem Freigelände erregen etwa 20 historische Lokomotiven die Neugier der Eisenbahnfans. Wenn man zum Abschluss draußen auf den begehbaren Tragflächen der Boeing 747 steht und hinüber zum Dom blickt, bekommt man ein Gespür dafür, wie tief greifend der Mensch mit seiner Technik die Welt verändert hat.

Das *IMAX-Dome Filmtheater* ist mehr als Kino. Die Projektion auf eine Leinwandkuppel und der Raumklang garantieren atemberaubende Filmerlebnisse.

77

Staatliche Kunsthalle
Hans-Thoma-Straße 2–6
76133 Karlsruhe
+49 (0)721 9263359
www.kunsthalle-karlsruhe.de

Badische Weinstuben
Schlossbezirk 6
76131 Karlsruhe
+49 (0)721 607879
www.badische-weinstuben.de

Uradel der deutschen Museen

Staatliche Kunsthalle

Wer ärgert sich nicht, wenn er im Lotto nichts gewonnen hat? Trösten Sie sich: Der Erlös kommt der Kultur zugute. Ohne dieses Geld – neben den Landesmitteln – hätte beispielsweise die Kunsthalle in Karlsruhe ihre Gemäldesammlungen nicht so stark ausbauen können. »Halle« sollte nicht an eine Messehalle erinnern. »Kunsthalle« geht auf den Versuch eines Wörterbuchs aus dem Jahre 1813 zurück, den »fremden Ausdruck« Museum zu verdeutschen.

Das Haus und seine Kernsammlung sind viel älter als das moderne Lotteriespiel. Sie gehören zum Uradel deutscher Museen. Viele Gemälde stammen aus den Sammlungen der Markgrafen und Großherzöge von Baden, die hier in Karlsruhe residierten. 1830 ließ Leopold von Baden die Gemäldegalerie im »Interesse des öffentlichen Unterrichts« bauen, um die vorher nur im Rahmen einer Zeichenakademie genutzten Bilder einer bürgerlichen Öffentlichkeit zugänglich zu machen: »Das Gebäude hat die Bestimmung, die vorhandenen und ferner noch hinzukommenden Kunstwerke … durch eine vorteilhafte Aufstellung dem Publikum nicht nur zur erfreuenden, sondern weit mehr noch zur belehrenden Anschauung zu bringen.«

Eigentlich war ich in die benachbarte Orangerie gekommen, um in Ruhe Robert Delaunays »Eiffelturm« von 1910 anzuschauen. Ich sitze hier gerne auf einer Bank. Je länger man ein Bild betrachtet, um so besser kann man sich in seine Welt versenken. Aber heute werde ich abgelenkt. Eine Kindergruppe lässt sich vor dem Gemälde nieder. Aber das macht nichts, denn schnell merke ich, dass ich dazulernen kann. Die Pädagogin weist auf die stürzenden Linien, auf den Wechsel des Lichts und der Blickpunkte hin. »Ich kenn das, ich hab auch mal mit Öl gemalt«, ruft ein Mädchen. Ein Junge sagt, dass er schon mal in Paris war. Und schon sind die Kinder – und ich auch – vertieft in die Malerei des Kubismus. Nur so kann man die schwindelerregende Höhe und die stählerne Wucht in ein kleines Bild bannen. Die Kinder verstehen das sofort.

Nebenan öffnet sich der Botanische Garten, der unbedingt den Besuch wert ist. Wunderschön sitzt man dort auf der Gartenterrasse der *Badischen Weinstube.*

BILDNACHWEIS

Sofern nicht hier gelistet, stammen alle Bilder vom Autor.
Pixabay 10; Südliche Weinstrasse e.V. 14, 56, 158; Eisenbahnmuseum Neustadt/Foto: C. Schädler 18; Kai Mehn 22; Bernhard Wingerter 24; Fotoatelier adlumina Ralf Ziegler 28; Doktorenhof 30; Jacob Sulzer, Weingut Kloster Heilsbruck Edenkoben 32; Verein Südliche Weinstrasse Edenkoben e.V./Foto: Thomas Kujat 34; Südliche Weinstrasse e.V./www.thomas-haltner.de 36; Weingut Oberhofer 42; Landrestaurant Burrweiler Mühle 44; Martin Meßmer 52; Verein Südliche Weinstraße Annweiler am Trifels e.V. 62; Ingeborg Übelacker/pixelio.de 72; Schwarzer Fuchs/Foto: Andreas Schieler 74; Verein Südliche Weinstraße Annweiler am Trifels e.V. 78; Weingut Siener; Jochen Weber Kommunikation Landau 82; foto50 – Fotolia/Südliche Weinstrasse e.V. 84; Loeffel 86; Michael Starck/Südpfalz-Draisinenbahn 88; www.thorsten-schmeing.de 90; Stadtholding Landau in der Pfalz GmbH, Fotograf Hans-Georg Merkel 94; Fa. Neu Leinsweiler Hof 106; Kuntz-Verlag, Gleishorbach 116; Boris Guth 120; Tourist-Information Dahner Felsenland/Foto: Peter Zimmermann 126, 130, 170; Archiv Tourismusverein Bad Bergzaberner Land e.V./Foto: Dominik Ketz 136; Jägerhof Birkenhördt/Foto: Bernd Eiberger 138; Sabine Wissing 146; Südpfalz Therme Bad Bergzabern 150; Fun Forest GmbH 154; Dr. Kim G. Beisel/Kakteenland Steinfeld 156; kgp.de 160; archiv biosphärenhaus 164; Office de tourisme intercommunal Sauer-Pechelbronn/oto: Fr. Heintges 172; Tourist-Information Speyer/Foto: Karl Hoffmann 180; Tourist-Information Speyer/Foto: Thorsten Krüger 182; Technik Museum Speyer 184; Norbert Miguletz 186

LITERATURNACHWEIS

S. 19: Helmut Seebach/Rolf Übel, *Zur Geschichte der Südpfalz*, Band II., Annweiler: Bachstelz-Verlag 2007 ff, S. 145.

S. 21: Kultusministerium Rheinland-Pfalz (Hrsg.), *Hambacher Fest 1832 – Katalog zur Dauerausstellung*. Neustadt/Weinstraße: Meininger 1990, S.125.

S. 35: Clemens Tangerding: Für Deutschland gestorben – Öffentliche Debatten über gefallene Soldaten; Deutschlandfunk vom 18.11.2012.

S. 61: Sal und Lagerbuch des Hochstifts Speyer aus den Jahren 1465 bis 1470. Zitiert in: »Die Rheinpfalz« vom 17.08.1948.

S. 65: Helmut Seebach/Rolf Übel, *Zur Geschichte der Südpfalz*, Band I., Annweiler: Bachstelz-Verlag 2007 ff, S. 163, 172, 173.

S. 67: Helmut Seebach/Rolf Übel, *Zur Geschichte der Südpfalz*, Band I., Annweiler: Bachstelz-Verlag 2007 ff, S. 272.

S. 73: Dr. Stephan Lederer, *Urkundliche Geschichte der christlichen Religionsübung im Amte Gräfenstein und seiner Umgebung*, Pirmasens: Verlag der Buchhandlung des »Pirmasenser Tageblatt« 1902; zitiert nach Band 41 in der Schriftenreihe des Diözesan-Archivs Speyer (Hrsg.), Pilgerverlag Annweiler 2010. S. 75.

S. 135: Gina Greifenstein, *Der Traummann auf der Bettkante*, München: Piper 2007, S. 62ff.

S. 165: Übersetzung aus dem Brundtland-Bericht der Weltkommission für Umwelt und Entwicklung, Anhang zu Dokument A/42/427, abrufbar unter: www.un-documents.net/ocf-02.htm#I, zitiert nach: www.biosphere-vosges-pfaelzerwald.org.

S. 187: Staatliche Kunsthalle Karlsruhe (Hrsg.): *150 Gemälde vom Mittelalter bis zur Gegenwart*. Karlsruhe: o.V. 1988, S. 6.

KRIMIS VON DIETER BÜHRIG

Bührig,
Schattengold
978-3-8392-1088-8

Bührig,
Schatten-menagerie
978-3-8392-1241-7

Bührig,
Brüllbeton
978-3-8392-1418-3

Bührig,
Fluchtvögel
978-3-8392-1516-6

Bührig,
Der Klang der Erde
978-3-8392-1219-6

Bührig,
Die verschollene Jungfrau
978-3-8392-1294-3

GMEINER